처음 세계사

처음 세계사

5 르네상스와 대항해 시대

초판 1쇄 발행 2015년 5월 26일
초판 2쇄 발행 2017년 8월 25일

지은이 초등 역사 교사 모임
그린이 한동훈, 이희은
감수 서울대학교 뿌리 깊은 역사 나무

발행인 양원석 | **편집장** 전혜원 | **책임편집** 박보람 | **편집진행** 이상희
디자인 김신애, 이기희 | **해외 저작권** 황지현
마케팅 최창규, 이영인, 김용환, 정주호, 양정길, 이선미, 임도진, 이규진, 김보영 | **제작** 문태일
펴낸곳 (주)알에이치코리아 | **주소** 08588 서울시 금천구 가산디지털2로 53, 20층(한라시그마밸리)
전화 02-6443-8923(내용), 02-6443-8838(구입), 02-6443-8960(팩스)
등록 2004년 1월 15일 제2-3726호

ISBN 978-89-255-5651-2 (64900)
ISBN 978-89-255-5280-4 (세트)

어린이제품 안전특별법 표시 사항
제품명 도서 | **제조자명** (주)알에이치코리아 | **제조국명** 대한민국 | **전화번호** 02)6443-8800
주소 서울시 금천구 가산디지털2로 53, 20층(한라시그마밸리)

※ 값은 책 뒤표지에 있습니다.
※ 맞춤법과 띄어쓰기는 국립국어원의 기준에 따랐습니다.
※ 잘못된 책은 구입하신 곳에서 바꾸어 드립니다.
⚠ 책 모서리가 날카로워 다칠 수 있으니 사람을 향해 던지거나 떨어뜨리지 마시오.

알에이치코리아 홈페이지와 블로그, SNS로 들어오시면 자사 도서에 대한 더 많은 정보와 다양한 이벤트 혜택을 확인하실 수 있으며, E-book몰에서는 전자북으로도 만나볼 수 있습니다.

주니어RHK 홈페이지 http://jrrhk.com | **E-book몰(RHK북스)** http://ebook.rhk.co.kr | **페이스북** https://www.facebook.com/rhk.co.kr
블로그 http://randomhouse1.blog.me | **유튜브** https://www.youtube.com/randomhousekorea

5 르네상스와 대항해 시대

처음 세계사

초등 역사 교사 모임 글 | 한동훈 · 이희은 그림
서울대학교 뿌리 깊은 역사 나무 감수

주니어RHK

글쓴이의 글

타임머신을 타고 떠나는 세계사 여행

세계사 속에는 아주 많은 인물과 사건이 담겨 있습니다. 그래서 어린이가 너무 복잡하고, 어렵다고 생각하여 쉽게 포기해 버릴 수도 있지요. 하지만 세계사가 꼭 복잡하고, 어렵기만 한 것은 아닙니다.

넓은 땅을 정복한 알렉산드로스 대왕의 이야기, 초원의 황제 칭기즈 칸의 이야기는 한 편의 영화 같은 흥미진진한 모험담이기도 합니다. 그뿐인가요? 우리와 가까운 이웃 나라 일본과 중국의 이야기는 친숙하고 흥미롭습니다. 조금은 먼 나라여서 낯설기도 하지만, 그만큼 신비하고 새로운 페르시아와 아프리카의 이야기도 있지요. 세상 어디에 내놓아도 자랑스러운 한글을 만든 세종대왕, 목숨을 걸고 나라를 지킨 안중근 의사의 이야기는 애국심과 감동도 느끼게 합니다.

이 모든 사람과 나라가 어우러져 만들어 낸 이야기가 바로 세계사입니다. 〈처음 세계사〉는 이 이야기를 동화처럼, 옛날이야기처럼, 영화처럼 신 나고 흥미롭게 풀어서 보여 주지요. 세계사가 복잡하고, 어렵다는 생각을 잠시 내려놓고 책을 펼쳐 보세요. 세상 그 어떤 이야기보다 재미있는 이야기를 만나 볼 수 있을 거예요.

세계사는 다른 나라의 이야기가 아니라 곧 '우리'의 이야기입니다. 오늘날 우리는 하루 이틀이면 지구상의 어느 곳이든 갈 수 있는데다가, 우리가 살고 있는 지금 순간순간이 내일의 세계사가 될 테니까요.

역사는 흔히 미래를 내다보는 거울이라는 말이 있지요. 우리는 곧 더 넓은 세상으로 나가, 때로는 그들과 경쟁하며, 혹은 큰 목표를 함께 이루기도 할 것입니다. 그리고 우리가 알고 있는 역사가 교훈이 되고, 안내자가 되어 넓은 세상으로의 길을 함께해 줄 것입니다.

자, 이제 타임머신을 타고 세계사를 여행할 시간입니다. 〈처음 세계사〉를 통해 오늘날 우리의 모습과 내일을 찾아보세요!

초등 역사 교사 모임

처음 세계사

〈처음 세계사〉는 초등학교 선생님과 동화 작가 선생님이 어린이가 세계사와 친해질 수 있도록 쉽고 재미있게 풀어 쓴 세계사 이야기입니다. 재미와 정보를 주는 그림과 사진, 쏙 빠져드는 이야기로 실제 역사를 모험하듯 세계사의 전체적인 흐름을 자연스럽게 익힐 수 있습니다.

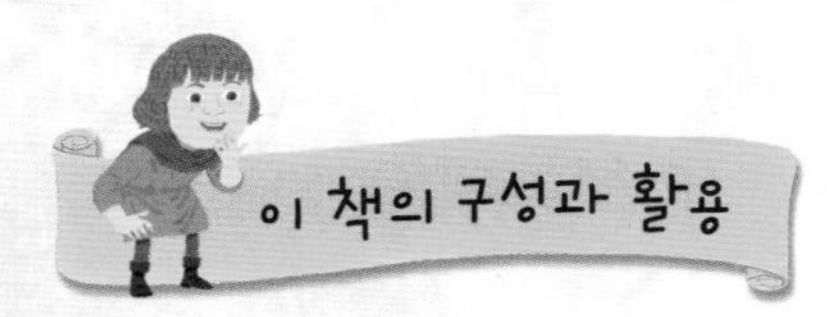

역사 속 인물이 직접 전해 주는 이야기를 통해 당시 시대적 특징을 재미있게 알아볼 수 있어요.

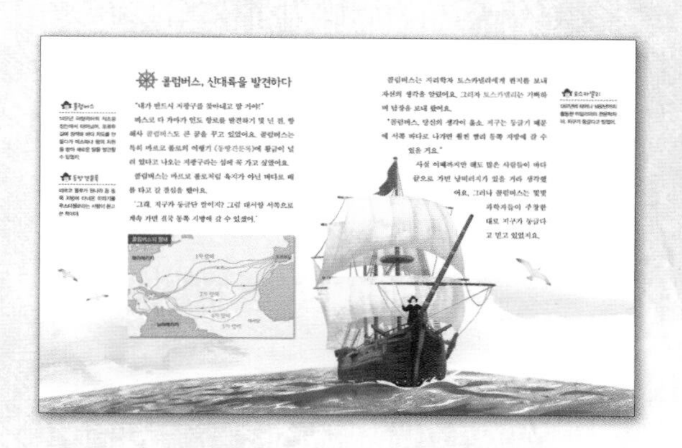

역사 속 사건과 유물, 인물 등을
그림과 사진으로 함께 구성하여
친절하게 설명했어요.

깊이 보는 역사 페이지를 통해
각 장의 내용을 한 번 더 정리하고,
본문에서 미처 다루지 못했던
흥미로운 이야기를 들려줍니다.

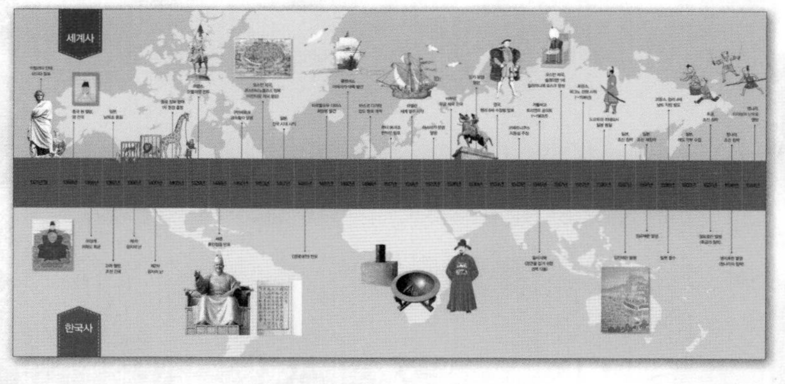

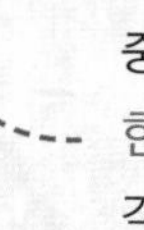

중요한 사건들을 연표를 통해
한번에 파악할 수 있어요.
각 나라와 시대를 대표하는 유물 사진과
그림을 보며 세계사의 흐름을 익혀 보세요.

차례

1장 르네상스와 종교 개혁

2장 새로운 항로 개척

3장 이슬람 세계의 변화

4장 명나라의 흥망성쇠

5장 조선 건국과 일본의 혼란기

1장 르네상스와 종교 개혁

나는 이탈리아에 사는 지오반나라고 해. 엊그제까지만 해도 나는 열심히 돈을 모으고 있었어. 면죄부를 사고 싶었거든. 면죄부를 사면 하나님께서 죄를 용서해 주신다길래……. 그동안 누나를 괴롭히고, 엄마 말을 잘 듣지 않았던 죄를 용서받고 싶었어. 그런데 말이야. 어제 이탈리아 남부에서 온 아저씨한테 놀라운 이야기를 들었어. 하나님도 중요하지만 사람도 중요하다는 거야. 정말 그럴까? 만약 그렇다면 나도 하나님께 용서를 빌기 전에 누나랑 엄마한테 미안하단 말을 해야 할 것 같아.

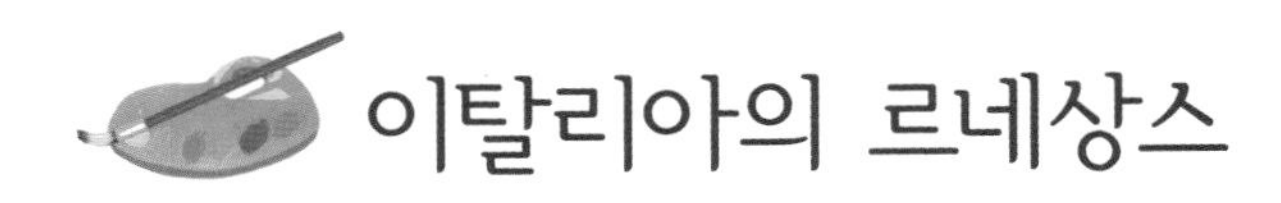

이탈리아의 르네상스

"그동안 예술이고 생활이고 모두 지나치게 신에게 맞춰져 있었어."

"이젠 우리 자신을 찾을 때가 된 것 같아."

사람들은 십자군 전쟁 이후 다른 생각을 하게 되었어요. 이전 중세 시대에는 크리스트교를 위주로 생활했지만 이제는 사람을 주인공으로 세상을 이해하려는 생각이 들기 시작한 거예요.

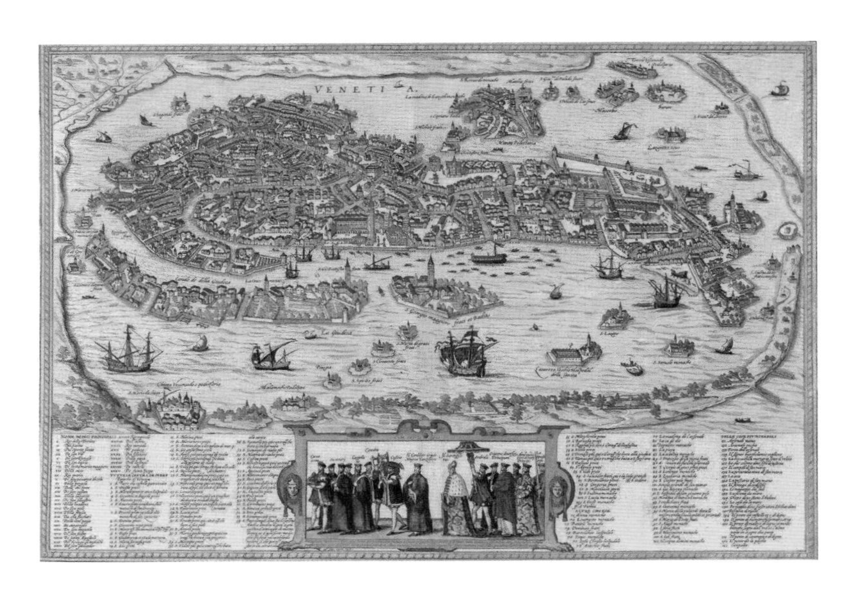

르네상스 시대의 베네치아
베네치아는 여러 섬들을 다리로 이어 만든 도시여서 '물의 도시'라는 별명이 있다. 10세기에 이미 무역으로 부유해졌고, 14~15세기에는 십자군 전쟁 덕분에 해양 무역 공화국으로 이름을 떨쳤다.

특히 이런 생각은 이탈리아에서 빠르게 퍼져 나갔어요. 여러 도시들이 십자군 전쟁을 거치며 발달한 덕분이었어요. 베네치아, 피렌체, 제노바와 같은 항구 도시들을 통해 십자군에 필요한 먹을거리와 무기 같은 것들이 실려 오고 실려 나갔거든요. 이탈리아가 무역으로 발달하면서, 주변의 비잔틴 문화와 이슬람 문화를 접하게 된 것이지요. 이때 이슬람 세력을 피해 이탈리아로 건너온 비잔틴의 그리스 로마 고전 연구학자들은 고대 문화 연구에 새 바람을 불어 넣었어요.

이러한 흐름은 새로운 문화와 예술을 만들어 냈어요. 바로 르네상스였지요. 르네상스는 14세기 무렵부터 16세기까지 서유럽 여러 나라에서 일어났어요.

이탈리아 사람들은 그리스와 로마의 고전과 예술 작품을 보고 반하고 말았어요. 그 속에는 사람의 여러 감정이 잘 담겨 있었어요. 고대 그리스와 로마식으로 살고 싶은 마음도 생겼지요. 이탈리아 사람들은 사람에 대해 연구하기 시작했어요. 이렇게 르네상스 시기에 고전 문학을 연구하던 학문의 흐름을 인문주의 또는 휴머니즘이라 부른답니다.

특히 르네상스가 가장 잘 드러난 분야는 문학이었어요. 그중에서도 이탈리아의 시인 단테의 서사시 《신곡》(14쪽)이 르네상스 문학을 이끌었어요.

르네상스

이 말 속에는 학문 혹은 예술의 부활, 재생이라는 뜻이 담겨 있어. 그래서 '문예 부흥'이라고 불리기도 해.

르네상스 시대를 이끈 단테
1265년 피렌체에서 태어난 시인이자 신앙인이었다.
피렌체에서 정치 싸움 때문에 쫓겨나 평생 동안 떠돌아다녔다고 한다.

《신곡》을 든 단테
신곡은 '지옥편', '연옥편', '천국편'으로 이뤄져 있다. 그림에서 단테의 옆에 《신곡》에 나오는 지옥의 문이, 뒤쪽에는 연옥이 있다.
– 도메니코 디 미켈리노 〈단테의 신곡〉

《신곡》은 '내 삶은 왜 이럴까?' 고민하던 단테가 고대 로마의 시인 베르길리우스와 베아트리체가 이끄는 대로 지옥과 지상 낙원을 경험하고 천국으로 간다는 내용이에요. 이 작품에는 고대 그리스의 철학과 신화, 중세 기독교 사상과 예술에 관한 내용까지 풍부하게 담겨 있어요. 또, 사람의 감정을 주로 다루고 있지요. 인문주의를 가장 잘 보여 주는 작품이에요.

그때까지의 작품은 주로 라틴 말로 쓰였는데, 《신곡》

은 이탈리아의 지방 말인 토스카나 말로 쓰였어요. 이로써 이탈리아 말이 발전하는 데 도움이 되었지요.

한편, 이탈리아의 소설가 보카치오는 고대 문화를 좋아한 인문주의자였어요. 전통적인 도덕과 신앙을 비판했지요. 보카치오가 쓴 소설 《데카메론》에는 그 특징이 아주 잘 드러나 있어요.

보카치오

1313년 피렌체에서 태어났어. 단테의 《신곡》을 좋아해 그에 대한 강의를 열 정도였다고 해.

《데카메론》은 흑사병을 피해 변두리의 한 별장으로 피난 온 피렌체의 여자 일곱 명과 남자 세 명의 이야기예요. 이들은 별장에 머물면서 하루에 한 가지씩 열흘 동안 모두 백 가지 이야기를 나누지요. 그 주제는 모두 인간의 사랑과 지혜랍니다. 이야기에는 평범한 사람뿐만 아니라 강도나 부랑자와 같은 인물도 나와요. 이들을 통해 사회 문제를 꼬집기도 하고, 인간이 가진 욕심과 소망을 아주 잘 묘사하기도 했지요. 보카치오는 이 덕분에 '근대 소설의 아버지'라고 불리게 되었답니다.

인간을 세상의 주인공으로 생각하고 현실을 중요하게 여기는 르네상스 분위기는 미술에서도 두드러지게 나타났어요.

화가들은 인간과 자연의 아름다움을 표현하기 위해 애썼어요. 진짜처럼 보이는 풍경화를 그리려고 했고, 살아있는 듯한 인물화를 그리려고 노력했지요.

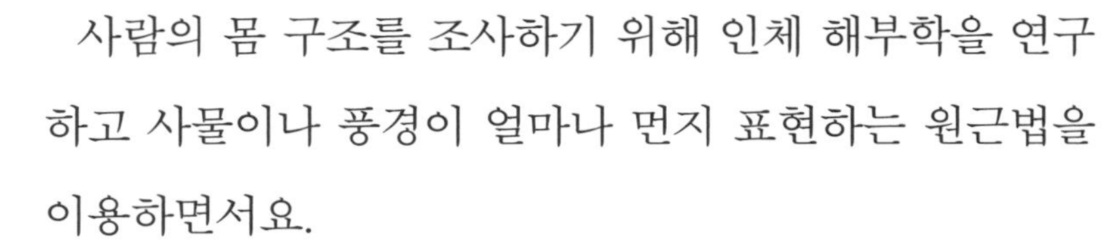

사람의 몸 구조를 조사하기 위해 인체 해부학을 연구하고 사물이나 풍경이 얼마나 먼지 표현하는 원근법을 이용하면서요.

유럽의 3대 천재 화가로 불리는 레오나르도 다 빈치, 라파엘로, 미켈란젤로가 활약한 것도 바로 이즈음이었어요.

레오나르도 다 빈치는 화가이면서 건축가, 해부학자, 기계 공학자, 발명가이기도 했어요. 레오나르도는 부모가 법률을 공부하라고 했지만, 그림 공부를 하겠다고 고집을 부렸어요. 그리고 자신의 재능을 알아봐 줄 후원자를 찾아 피렌체와 밀라노 같은 도시를 여행했어요. 그리고 후원자들의 주문대로 그림을 그리곤 했지요. 레오나르도의 그림 〈모나리자〉도 그렇게 탄생했어요.

레오나르도는 〈동굴의 성모〉, 〈최후의 만찬〉 같은 그림도 그렸는데, '다른 작품과 비교할 수 없이 사실적

라파엘로
1483년 이탈리아 우르비노에서 태어났다. 레오나르도와 미켈란젤로의 미술 기법을 받아들여 자신의 방법으로 표현했다.

– 라파엘로 〈아테네 학당〉

레오나르도 다 빈치
1452년 이탈리아 빈치라는 곳에서 태어났다. 그림뿐 아니라 다양한 분야에서 뛰어난 실력을 보였다.

– 레오나르도 다 빈치 〈모나리자〉

이고, 르네상스 정신이 잘 드러난다.'는 칭찬을 들었지요.

미켈란젤로는 화가보다는 조각가로 유명했어요. 미켈란젤로는 다른 과정 없이 곧바로 돌을 깎아 조각상으로 만들었는데,

미켈란젤로
1475년 이탈리아 카센티노에서 태어났다. 그림 공부를 하다가 조각 학교에 들어가 조각에 뛰어난 실력을 나타냈다.

– 미켈란젤로 〈피에타〉

그 조각품은 실제 살아 있는 것처럼 생명력이 넘쳤어요. 특히 미켈란젤로가 만든 〈피에타〉는 수많은 예술가들이 만든 조각품 중에서 가장 유명하지요.

하지만 이렇게 발달하던 이탈리아의 르네상스는 한계를 맞았어요. 대부분 돈 많은 상인이나 힘을 가진 사람들의 후원으로 이루어지다 보니 시간이 지날수록 서민보다는 귀족의 입맛에 맞는 작품이 더 많이 만들어졌기 때문이에요. 게다가 이탈리아는 경제 중심지라는 명예를 대서양 바닷가 유럽 도시들에 넘겨주어야 했어요. 지중해뿐 아니라 대서양에서도 무역이 활발해졌거든요. 이렇게 경제력마저 약해지자, 이탈리아를 중심으로 일어났던 르네상스는 점차 막을 내리게 되었어요.

하지만 르네상스는 예술뿐만이 아니라 세상을 보는

망원경을 만든 갈릴레이
교황에게 망원경에 대해 설명하고 있다. 갈릴레이는 이 망원경으로 목성의 위성과 토성의 고리를 발견했다.

유럽 사람들의 눈도 열어 주었어요. 가령 폴란드의 천문학자 코페르니쿠스는 이전까지 사람들이 믿었던 천동설('태양과 우주는 지구를 중심으로 움직인다.'는 가설)에 반대하여 "태양이 지구를 도는 게 아니라, 지구가 태양의 둘레를 돈다!"라고 주장했어요. 또한 이탈리아의 과학자였던 갈릴레이는 천체 망원경을 만들어 코페르니쿠스의 주장이 옳다는 걸 확인했지요.

이 시대에는 새로운 발명품이 유럽에 많이 등장했어요. 그 중에서도 독일의 구텐베르크가 만든 금속활자는 유럽 문화가 더욱 발전하도록 해 주었답니다.

알프스 너머의 르네상스

르네상스는 알프스 산맥을 넘어 여러 나라에 전해졌어요. 하지만 그 모습은 나라마다 다르게 펼쳐졌어요. 모든 나라가 이탈리아처럼 그리스와 로마의 고전 문화를 깊이 알아보거나, 그대로 따라 하지 않았어요. 현실 사회와 맞지 않는 상황과 위에서 다스리는 사람들이 잘못한 점을 고쳐야 한다고 이야기했지요.

이탈리아 너머에 있는 나라 중 가장 먼저 르네상스를 받아들인 나라는 네덜란드였어요.

'16세기 최고의 인문주의자'라 불리던 에라스무스는 가톨릭교회가 지나치게 형식적인 면만 지키려 하면 안 된다고 말했어요.

"우리는 성경에서 말하는 단순하고 경건하며 정직한 신앙으로 돌아가야 합니다!"

또 자신이 쓴 《우신예찬》이라는 책에서 도리를 지키지 않는 성직자에게 그러면 안 된다고 했어요.

에라스무스와 친했던 영국의 토머스 모어는 《유토피아》(20쪽)라는 책을 써서 '모든 사람이 재산을 함께 가지고, 누구나 행복해야 한다'고 주장했지요.

영국의 문학은 활짝 피어났어요. 우선 작가 초서가

인문주의자

르네상스 시기의 고전 문학 연구자를 말해.

에라스무스

네덜란드의 성직자였어. 그리스 고전을 연구했으며 고전에 나타나는 자유로운 인간 정신과 크리스트교가 조화롭게 합쳐지길 바랐지.

가톨릭교회

'가톨릭'은 보편적이라는 뜻이야. 베드로의 후계자인 로마 교황을 교회 지도자로 따르는 크리스트교의 한 갈래란다.

토머스 모어

1478년 영국에서 법관의 아들로 태어나 법률가, 정치가, 인문주의자로 살았어.

유토피아

대화 형식으로 쓰였지. 모두 두 권이야. 1권에서는 당시 유럽과 영국 사회의 잘못된 점에 대해, 2권에서는 그런 잘못된 점이 없는 바람직한 사회에 대해 썼어.

《켄터베리 이야기》를 발표하여 '영국 시의 아버지'라 불렸어요.

《켄터베리 이야기》에서는 성지를 찾아가는 사람들이 한 여관에 모여 경연 대회처럼 이야기를 주고받아요. 이탈리아 보카치오가 쓴《데카메론》과 비슷해 보이지만, 등장하는 사람들의 직업과 계급이《데카메론》보다 훨씬 여러 가지이고, 그들이 꺼내 놓는 이야기 역시 그만큼 다채로워요. 결혼을 둘러싼 남녀의 다툼도 여러 번 나와요. 여자가 무조건 남자에게 복종해야 한다는 당시 사람들의 생각에 반대 의견을 내놓지요. 여성들의 목소리에 귀를 기울이고, 남성처럼 독립된 인격체로 존중해야 한다는 뜻을 전하고 싶었던 거예요.

게다가 초서는 그 시대 문학가들이 잘 쓰지 않던 자기 나라 말인 영어를 이용해 이 책을 썼어요. 그럼으로써 한 나라의 국민성과 문화를 나타내는 국민 문학의 무대가 활짝 열리게 되었지요.

실제로 영국에서는 엘리자베스 1세 시대에 이르러 국민 문학이 최고 전성기를 맞았어요. 그 중심에 셰익스피어가 있었지요.

스트랫퍼드어폰에이번의 한 시골 마을에서 태어난 셰익스피어가 런던에 와서 처음 한 일은 연극을 보러 온 손님들의 말을 붙잡아 두는 일이었어요. 그러던 중 우연히 연극 무대에 서게 되었어요. 배우로는 그다지 이름을 떨치지 못했지만, 얼마 지나지 않아 희곡을 쓰면서부터 그 이름을 알리게 되었지요.

특히 셰익스피어는 4대 비극으로 알려진 《햄릿》, 《오셀로》, 《리어 왕》, 《맥베스》를 비롯해 《말괄량이 길들이기》, 《로미오와 줄리엣》, 《한여름 밤의 꿈》 같은 수많은 희곡을 썼어요.

한편 프랑스에서는 국왕 프랑수아 1세가 스스로 나서서 르네상스 문화를 받아들였어요. 이탈리아의 화가와 학자를 초청하여 르네상스 문화를 프랑스에 뿌리내리도록 했지요.

그 덕분에 프랑스에서도 르네상스 문화가 꽃피었어요. 특히 라블레가 《가르강튀아와 팡타그뤼엘》이라는 소설을 써서 '새로운

셰익스피어

1564년 영국에서 태어나 어린 시절 라틴 학교를 다녔다고 해. 이후 엘리자베스 1세 통치 시기에 활발하게 작품을 썼어.

햄릿

1601년에 발표된 희곡이야. 덴마크 왕자 햄릿이 아버지를 죽인 원수에게 복수하는 내용이지.

가르강튀아의 어린 시절
책 속 가르강튀아는 태어나면서 "목말라" 하면서 울었다고 한다. 이후 자라 전쟁에서 공을 세웠고 484세에 아들 팡타그뤼엘을 얻었다.
– 귀스타프 도레의 삽화

소설의 시대를 열었다.' 는 평가를 받기도 했지요. 이 작품은 거인국 왕자로 태어난 주인공 가르강튀아가 온갖 모험을 벌이는 이야기예요. 익살스럽고 재치 있으며, 활기차지요. 해박한 지식이 담겨 있고, 언어 감각이 뛰어난 작품이에요. 무엇보다 인간이 마음껏 생각할 수 있는 자유가 가장 훌륭한 것이라고 해서 사람들의 호감을 샀어요.

그런가 하면, 에스파냐에서는 세르반테스가 《돈키호테》를 써서 주목받았어요. 우스꽝스럽지만 정이 넘치고 따뜻한 주인공은 많은 사람들의 마음을 흔들었지요.

에스파냐와 포르투갈에서 일어난 르네상스는 훗날

돈키호테

《돈키호테》를 쓴 세르반테스는 가난한 외과 의사의 아들로 태어나 군인, 상점 점원 등으로 일하며 고생을 많이 했어. 늘 먹고사는 게 힘든 가운데 이 작품을 비롯해 수많은 소설을 써 냈단다.

새로운 항로 개척을 앞당겨 주었답니다.

이 외에 독일에서도 인문주의자들이 많이 등장해 활약했어요. 그중 로이힐린이 원래의 성경을 연구하여 훗날 종교 개혁의 선구자인 루터에게 이어졌어요.

종교 부패와 루터의 등장

르네상스 시대의 에라스무스를 비롯한 여러 인문주의자들은 지나치게 형식을 따지는 교회를 비판했어요.

이 시기의 교회는 문제가 많았어요. 성직자가 아내를 여럿 거느린 경우도 있었어요. 성직을 돈으로 사고팔기도 했고, 돈을 벌기 위해 술집을 운영하기도 했지요. 가난한 사람들을 도와줘야 할 성경의 의무는 소홀히 한 채, 오히려 시민들에게서 재산을 빼앗거나 마음대로 부렸어요. 독일도 예외는 아니었어요. 더구나 여러 세력으로 나뉘어 있던 독일은 교황청이 만만하게 다룰 수 있는 상대였지요.

바로 이즈음, '어떻게 하면 구원을 얻을 수 있을까?'를 고민하던 독일의 성직자 마르틴 루터(26쪽)가 로마를 여행하고 있었어요. 루터는 이곳에서 해답을 얻을 것이라고 기대했어요. 하지만 루터의 희망은 산산조각 나고 말았어요.

참다운 신앙이 흘러넘칠 거라 기대했던 로마는 도적과 강도가 들끓었고, 성직자들도 돈에만 관심이 있었어요. 심지어 로마의 어느 신부는 미사로 돈벌이를 하고 있었어요.

레오 10세

메디치 가문에서 태어나서 1513년 교황이 되었어.

"루터, 예배를 빨리빨리 여러 번 드리세요. 그래야 돈을 많이 벌 수 있으니까요."

루터는 매우 실망하고 말았어요.

한편 로마 교황청은 베드로가 순교한 자리에 성 베드로 대성당을 다시 크게 짓기로 했어요. 하지만 성 베드로 대성당을 다시 짓는 데에는 돈이 엄청나게 들었지요. 게다가 교황이 된 레오 10세는 사치가 심했고, 교회 재정은 점차 텅텅 비어 갔어요. 교황은 어떻게 하면 신도들에게 돈을 더 많이 걷을까 궁리하였고 마침내 면죄부를 팔기로 했어요. 면죄부란 한마디로 '돈을 내면 지은 죄를 면제해 준다'는 증서였어요.

“여러분이 면죄부를 산 돈이 이 헌금함에 떨어지면서 짤랑 소리를 내면, 그 순간 여러분의 죄가 사라져 버립니다.”

면죄부를 더 많이 팔기 위해 갖은 수단을 다 썼지요.

루터는 이 일을 두고만 볼 수 없었어요. 1517년 10월, 루터는 면죄부를 파는 것은 매우 잘못된 일이라며 95개의 조항으로 된 반박문을 썼어요. 그리고 이것을 비텐베르크 성 교회의 정문(26쪽)에 붙였어요.

화려한 성 베드로 대성당 내부
오늘날 바티칸 시국에 있는 성 베드로 대성당의 내부 모습이다. 미켈란젤로 등 르네상스 시기 건축가들이 건축에 참여하였다.

반박문
어떤 일이나 의견에 반대하는 글을 말해.

독일의 종교 개혁자 루터(왼쪽)
1483년 독일에서 태어나 법률가를 꿈꾸다 집에 오는 길에 바로 자기 옆에 번개가 치는 경험을 하고 성직자가 되기로 결심했다.

비텐베르크 성 교회 문(오른쪽)
루터가 95개조 반박문을 여기에 붙였다고 전해진다. 원래의 문은 불타 복원되었다.

반박문이 곧 독일 말로 번역되고 전국에 뿌려지자, 독일 사람들은 커다란 호응을 보냈어요. 하지만 루터를 이단이라고 욕하는 사람도 있었지요. 교회는 루터에게 그가 한 말을 취소하라고 명령했고요.

"아니요. 그럴 수 없습니다. 참된 신앙이란 오직 성경의 말씀만 믿는 것이오."

루터는 뜻을 굽히지 않고, 한걸음 더 나아가 1520년, 〈독일 민족의 크리스트교 귀족에게 고함〉이라는 글을 발표했어요. 이 글에서 루터는 '귀족이 앞장서서 독일을 로마 교황청으로부터 풀어 주어야 한다!'라고 주장했어요. 뿐만 아니라 교황에게서 성직자를 임명하는 권리를 빼앗고 세금을 거두지 못하게 하자고 외쳤지요.

이단

한 종교의 교리에 어긋나는 이론이나 행동을 말해.

마침내 교황은 루터를 가톨릭교에서 내쫓겠다며 파문 명령서를 보냈어요. 루터는 많은 사람들이 보는 앞에서 교황이 보낸 파문 명령서를 불살라 버렸어요. 이에 수많은 사람들이 루터를 응원했어요. 압박을 받으며 십일조와 세금을 내야 했던 농민들은 아예 루터를 해방자로 여기기까지 했지요. 이들뿐만 아니라, 여러 제후(영주)들도 루터의 편을 들어 주었어요.

용기를 얻은 루터는 제후들의 보호를 받으며 라틴 말로 되어 있던 성경을 독일 말로 번역했어요. 이 작업은 평범한 국민들이 성경을 마음대로 읽을 수 있는 길을 열었지요. 또한 루터가 번역한 성경은 독일 말의 체계를 세우는 데에도 큰 역할을 했답니다.

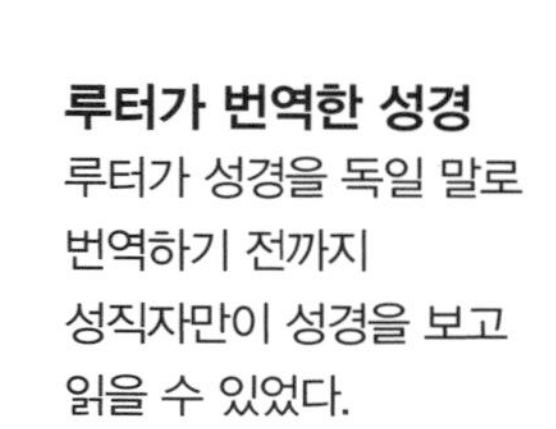

루터가 번역한 성경
루터가 성경을 독일 말로 번역하기 전까지 성직자만이 성경을 보고 읽을 수 있었다.

이후 독일은 가톨릭과 루터 파로 갈라져 싸우게 되었어요. 특히 루터를 응원하던 제후들은 가톨릭에 강력하게 저항했어요. 바로 이 과정에서 '항의하는 자'라는 뜻의 '프로테스탄트'라는 말이 생겨나게 되었답니다.

칼뱅의 종교 개혁

스위스의 종교 개혁자 츠빙글리
성서를 새롭게 해석한 설교로 스위스 사람들의 환영을 받았다.

이즈음 스위스에도 종교 개혁의 바람이 불었어요. 특히 상공업이 발달한 스위스의 몇몇 도시들은 거룩하게 살도록 강요하는 교회의 원칙을 너무 답답해 했어요.

그리하여 16세기 초, 스위스의 츠빙글리가 루터에게 영향을 받아 '성서만이 유일한 신앙의 기준'이라고 주장했어요. 이에 많은 사람들이 츠빙글리의 주장을 좋아했지요. 그러나 아뿔싸, 츠빙글리는 반대파와 싸우다가 숨을 거두고 말았답니다.

하지만 프랑스의 종교 지도자 칼뱅이 스위스로 건너오면서 멈출 듯했던 스위스의 종교 개혁은 다시 불타올랐어요. 칼뱅은 기독교가 새로워져야 한다고 주장하다가 프랑스에서 쫓겨나고 말았지요.

칼뱅이 스위스로 옮긴 후, 그를 따르는 사람들은 더 많아졌어요. 칼뱅은 더 다양한 주장을 펼쳐 나갔어요.

"교회의 의식을 간략하고 소박하게 합시다! 그리고

교회를 이끌어 나가는 사람이 바로 신도들이어야 해요. 신도들은 부지런하고, 정직하며, 절약하는 생활을 해야 하고요."

여기에 더하여 '신께서는 인간을 구원할지 말지 미리 정해 놓으셨다.'는 주장을 펼치기도 했어요. 아울러 바르게 일해서 부자가 된다면 그것도 훌륭한 일이라고 했지요. 칼뱅의 주장은 루터의 주장보다 한발 더 나아간 것이었고, 많은 시민들이 칼뱅을 응원했어요.

칼뱅의 주장은 빠른 속도로 스위스 전 지역에 퍼져 나갔어요. 심지어 이웃 나라의 여러 도시들에도 전해졌지요. 프랑스로 건너간 칼뱅의 생각은

종교 개혁자 칼뱅
프랑스에서 태어났고 신학과 법학을 공부했다. 스위스로 떠난 후에는 엄격하게 종교 개혁을 추진하려고 했다. 스위스 제네바에 있는 성 피에르 성당(사진)에서 설교를 하기도 했다.

위그노 파를 만들었고, 스코틀랜드에서는 장로파, 영국에서는 청교도, 네덜란드에서는 고이센이라는 갈래를 만들었답니다.

새로운 기독교 갈래와 가톨릭교는 서로 팽팽하게 맞섰어요. 몇몇 곳에서는 전쟁으로까지 이어졌지요.

프랑스에 루터 파가 전해진 직후, 칼뱅 파까지 퍼지자, 프랑스 국왕은 칼뱅 파를 거칠게 억눌렀어요. 그럴수록 새로운 기독교 즉, 신교는 점점 거세게 일어났지

요. 특히 위그노는 시민과 중산층에서 귀족들에게까지도 퍼져 나갔어요. 귀족들도 저마다 신교와 구교(가톨릭교)로 갈라져 다툼을 벌이게 되었지요. 여기에 국왕 샤를 9세를 지키려는 어머니 카트린과 귀족들 사이의 세력 다툼 등이 어우러져 신교와 구교 사이의 싸움은 더욱 거칠어져 갔어요.

카트린

1519년 이탈리아 메디치 가문에서 태어났어. 교황 레오 10세의 조카로 14세 때 프랑스 왕자와 결혼했지.

그러던 1562년, 신교를 따르는 사람들이 예배를 드리고 있을 때, 구교 파의 지도자 기스공이 가톨릭교도 군대를 이끌고 예배 장소를 공격했어요.

이제 신교 파도 무기를 들고 구교 파와 싸우기로 마음먹었어요. 내란이 발생한 거예요. 이 사건이 바로 위그노 전쟁이었어요.

위그노 전쟁은 점점 커져서 무려 30년이 넘도록 계속되었어요. 한때 평화 협상을 맺기도 했지만, 신교를 따르는 사람들이 성 바르톨로뮤의 축제를 벌이고 있을 때 가톨릭교 군대가 습격하여 다시 싸움이 커졌어요. 그러다가 앙리 4세가 왕위에 오르면서 마침내 막이 내렸지요. 앙리 4세는 '낭트 칙령'을 발표하여 새로운 기독교를 마음껏 믿을 수 있게 해 주었어요.

앙리 4세

위그노 파였으며, 가톨릭 파인 카트린의 딸 마르그리트와 결혼했어.

영국의 종교 개혁

영국에서도 종교 개혁의 불길이 번졌지만, 과정은 독일이나 프랑스와는 무척 달랐어요. 다른 나라들은 종교 지도자를 중심으로 시민들이 먼저 일어섰지만, 영국은 오히려 국왕 헨리 8세가 앞장서 종교 개혁에 나섰지요.

그 원인은 뜻밖에도 다름 아닌 헨리 8세 자신의 이혼 문제였어요. 헨리 8세는 왕자를 얻고 싶었는데 왕비 캐서린에게 왕자가 생기지 않았어요. 헨리 8세는 캐서린 왕비와 이혼을 하고 시녀였던 앤 불린과 다시 결혼하고 싶었지요.

물론 교황은 이를 허락하지 않았어요. 헨리 8세는 자신의 결심을 반대하는 교황과의 관계를 끊고, 수장령을 발표했어요.

수장령

영국 교회의 우두머리가 영국 왕이라고 정한 법이야.

"이제부터 영국 국교회의 최고 지도자는 다름 아닌 바로 짐이다!"

그런 뒤, 헨리 8세는 수도원의 문을 닫고 수도원이 가진 땅을 나라 땅으로 삼았어요. 뿐만 아니라 교황청으로 보내던 여러 가지 세금을 내지 못하게 했어요. 이에 깜짝 놀란 교황은 곧바로 헨리 8세를 파문했어요.

하지만 영국의 의회는 수장령을 찬성했어요. 그리고

헨리 8세는 영국의 교회가 교황으로부터 벗어났다고 선언했지요. 그러고 나서 스스로 교회를 새롭게 바꾸었어요.

하지만 영국 국교회의 교리는 이전과 크게 달라진 것이 없었어요. 그 때문에 훗날 칼뱅의 교리에 따라 교회를 철저하게 바꾸자고 요구하는 사람들이 생겨났답니다. 바로 그들을 청교도라고 불러요.

이처럼 종교 개혁이 서유럽을 물들이자 가톨릭교 안에서도 반성하자는 소리가 일어났어요. 그래서 면죄부를 팔지 않기로 했고, 성직을 사고팔지 못하게 했어요.

하지만 그것만으로는 부족했어요. 1545년 로마 중심의 가톨릭교회의 지도자들은 트리엔트에서 종교 회의를 열었어요. 이 회의에서 가톨릭 지도자들은 가톨릭교가 내세우는 정통 교리와 교황이 가진 권리가 옳다고 다시 확인했어요. 또한 새로운 기독교에 강하게 맞서 싸우자고 다짐했지요.

이러한 새로운 흐름에 발맞추어 가톨릭 안에서 새로운 갈래가 생겨났어요. 다름 아닌 '예수회'였어요. 에스파냐의 로욜라(34쪽)가 창시한 예수회는 예수의 군대

영국의 종교 개혁을 이끈 헨리 8세
후손을 얻기 위해
종교 개혁에 앞장섰다.

트리엔트 종교 회의

1545년부터 1563년까지 18년 동안 열렸어. 훗날 가톨릭이 부흥하는 데 큰 역할을 했지.

로욜라

1491년 에스파냐에서 태어나 신학자가 되어 예수회를 만들었어.

라는 뜻이었는데 교황과 윗사람에게 어떤 경우에도 복종하고, 규칙을 엄격하게 지키자고 다짐했지요.

아울러 예수회는 종교 재판 제도를 강화했어요. 새로운 기독교 세력이 더 이상 퍼지지 못하게 막기 위해서였지요. 예수회는 이단의 교리를 섬기는 자를 악마로 보고 몹시 모질고 혹독한 종교 재판을 받게 했어요. 나아가 절대 읽으면 안 되는 책들을 발표하여 신도들로 하여금 이단의 사상에 접근하지 못하도록 했어요. 예수회 사람들은 가톨릭을 전하기 위해 목숨을 바치겠다는 생각까지도 하고 있었지요.

그런 덕분에 종교 개혁의 흐름이 에스파냐를 비롯한

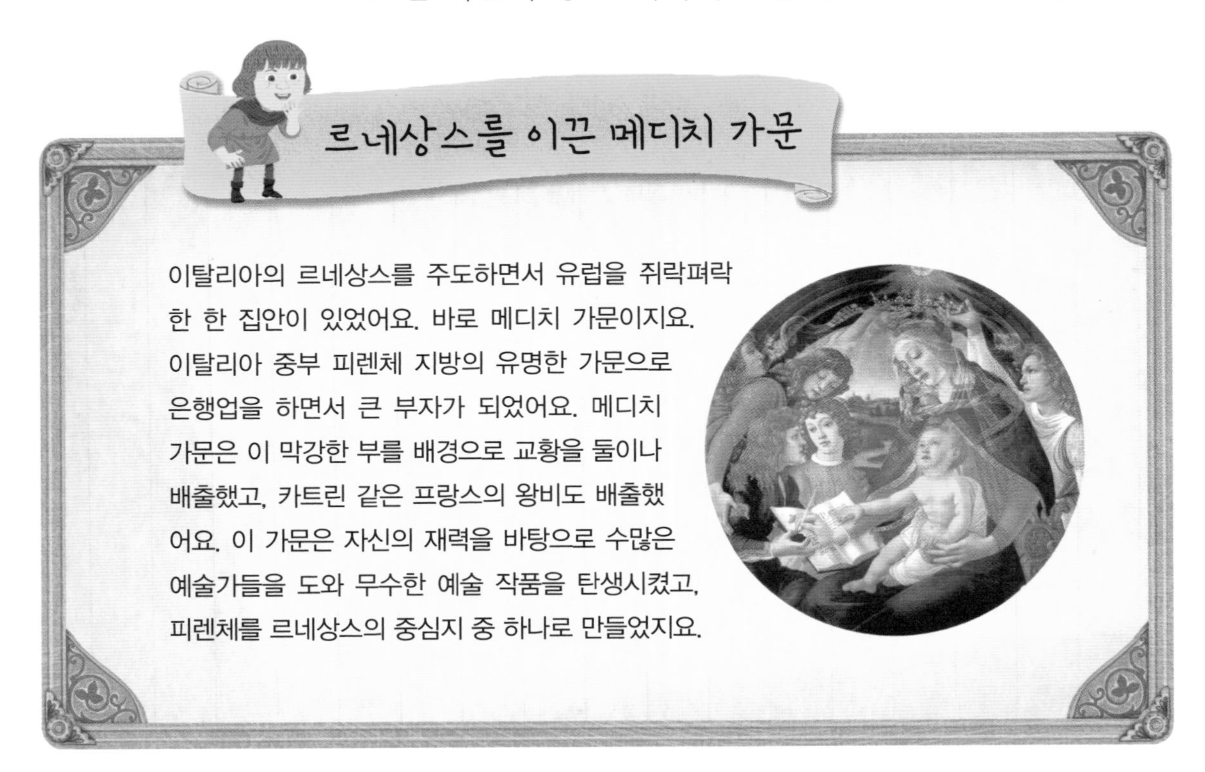

르네상스를 이끈 메디치 가문

이탈리아의 르네상스를 주도하면서 유럽을 쥐락펴락한 한 집안이 있었어요. 바로 메디치 가문이지요. 이탈리아 중부 피렌체 지방의 유명한 가문으로 은행업을 하면서 큰 부자가 되었어요. 메디치 가문은 이 막강한 부를 배경으로 교황을 둘이나 배출했고, 카트린 같은 프랑스의 왕비도 배출했어요. 이 가문은 자신의 재력을 바탕으로 수많은 예술가들을 도와 무수한 예술 작품을 탄생시켰고, 피렌체를 르네상스의 중심지 중 하나로 만들었지요.

유럽 남부 지역에 퍼지지 못하게 막을 수 있었어요. 뿐만 아니라 독일의 남부 지역 일부를 다시 가톨릭의 땅으로 만들 수도 있었지요.

한걸음 더 나아가 예수회는 유럽에서 잃은 것을 다른 곳에서 찾으려고 포교 활동을 벌였어요. 그들은 훗날 포르투갈과 에스파냐의 식민지 사업을 따라 아시아와 아메리카까지 그 선교 사업을 넓혀 갔어요.

포교

종교를 널리 알리는 일을 말하지.

동양에서는 이들이 전한 가톨릭교를 천주교라 불렀어요. 그리고 일본은 물론 임진왜란 당시 조선에까지 그 신도들이 왔다고 해요.

르네상스 미술관

보티첼리 〈비너스의 탄생〉

보티첼리는 가죽으로 된 물건을 만드는
장인의 아들로 태어났대.
열여덟 살 무렵, 그림을 배우기 시작했다지?
그가 그린 〈비너스의 탄생〉은 그리스 신화의
내용을 주제로 한 아름다운 그림이야.
세상에 존재하지 않는 아름다움을
잘 표현했다는 평가를 받고 있어.

얀 반 에이크 〈아르놀피니의 초상〉

얀 반 에이크는 네덜란드의 화가로,
르네상스 미술의 선구자로 불려.
한때는 궁정 화가로 활약했어. 그가 그린
그림 가운데 〈아르놀피니의 초상〉은 특히
세밀한 표현과 색채가 뛰어난 작품이라고 해.

르네상스 예술품은
역시 생생하군!

브뢰헬 <농가의 결혼식>

16세기에 등장한 네덜란드의 화가 브뢰헬은
프랑스와 이탈리아에서 공부했어.
그가 그린 그림의 주제는 한마디로 '인간'이야.
그의 작품 <농가의 결혼식>은 농가의
헛간에서 열린 피로연 장면을 그리고 있어.
농가의 모습과 사람들의 모습이 생생해.

<성 베드로 대성당>

르네상스 시대 대표적인 건축물로 알려진
성 베드로 대성당은, 원래 1506년
건축가 브라만테가 처음 공사를 시작했어.
하지만 나중에는 미켈란젤로가 71세 때
공사를 맡기도 했지. 그는 돈도 받지 않고
세상을 떠날 때까지 오로지 성당의
건축에만 매달렸어. 성당은 이후
여러 건축가의 손을 거쳐 1626년에야
완공식을 했다고 해.

2장 새로운 항로 개척

나는 콜럼버스야. 드디어 새로운 땅을 발견하고 인디언들을 만났어! 이 땅을 찾기까지 얼마나 힘들었는지 몰라. 오랜 시간 항해를 하면서 식량이 부족해져 고생하기도 했고, 선원들과의 다툼도 있었어. 성난 선원들을 달래기 위해 "육지를 찾지 못하면 내 머리를 잘라도 좋다!"고 말하기까지 했다니까? 비록 황금이 가득하다는 지팡구를 찾지는 못했지만, 내가 해낸 모험은 후세의 모든 사람들이 나를 기억하게 될 역사적인 사건이 될 거야. 그런데 지금 이 사람들 도대체 어느 나라 말을 하고 있는 거지?

인도 항로를 개척하다

십자군 전쟁이 끝나고, 유럽 사람들에게 솔깃한 소문이 돌았어요.

"우리가 알지 못하는 아시아 어딘가에 '프레스터 존'이라는 왕이 다스리는 기독교 국가가 있대요."

아비시니아

지금의 에티오피아를 말해.

어떤 사람은 그 나라가 아프리카의 아비시니아에 있다고도 했어요. 유럽 사람들은 이 나라를 찾기 위해 탐험에 나섰어요. 함께 이슬람 세력을 물리치기 위해서였어요. 하지만 곧 사실이 아닌 것으로 밝혀졌지요.

가 보지 못한 땅에 대한 유럽 사람들의 관심은 점차 커져 갔어요. 더구나 유럽 사람들에게는 동쪽 지방으로 가는 새로운 무역로가 필요했어요.

향신료

후추처럼 음식에 매운 맛이나 향기를 더하는 조미료를 말해.

"동쪽 지방에는 귀한 향신료와 비단이 아주 풍부하답니다!"

특히 향신료는 고기를 즐겨 먹는 유럽 사람들에게 소금만큼이나 꼭 필요한 것이었어요. 동쪽 지방에서 향신료를 들여와 팔면 큰돈을 벌 수 있었지요.

때마침 르네상스를 거치면서 누구나 나침반을 구해 쓸 수 있었고 항해술도 발달했어요. 배를 만드는 기술도 발전했고 믿을 만한 항해 지도도 만들어졌어요.

가장 먼저 새로운 세계를 탐험하러 나선 나라는 포르투갈이었어요. 포르투갈의 엔히크 왕자는 진작부터 색다른 꿈을 꾸고 있었어요.

"이번에는 탐험대를 아프리카로 보내 보는 게 어떻겠소? 모든 것을 지원하겠소!"

엔히크 왕자에게는 '항해 왕자'라는 별명이 있었어요. 정작 자신은 몸이 약해서 직접 탐험하러 나서지는 못했지만 새로운 땅에 대한 관심이 아주 많았지요. 엔히크 왕자는 여러 나라에서 유능한 항해사와 배 만드

1394년 포르투갈의 왕 주앙 1세의 아들로 태어났어. 호기심이 많아서 새로운 항해를 적극 지원했어.

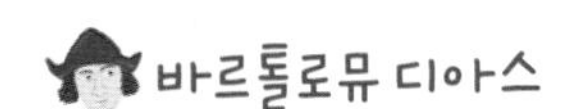

1450년경 항해사 집안에서 태어났어. 아프리카에 있다는 기독교 국가를 찾아 아프리카 대륙으로 갔지.

는 기술자를 데려와 튼튼한 배를 만들게 했어요. 그런 덕분에 포르투갈은 유럽의 다른 어떤 나라보다 한발 일찍 아프리카의 해안선을 탐험할 수 있었어요. 하지만 정작 엔히크 왕자는 자신이 지원한 항해가 큰 성과를 남기기도 전에 세상을 떠나고 말았어요.

그럼에도 포르투갈의 탐험은 계속되었어요. 1487년에 바르톨로뮤 디아스가 아프리카 대륙 남쪽 끝까지 이르러 희망봉을 발견했고, 그로부터 10년 뒤에는 바스코 다 가마가 인도로 가는 바닷길을 내기 위해 떠났어요. 아프리카 대륙 연안을 항해하여 가기로 했지요.

바르톨로뮤 디아스가 발견한 희망봉

처음 발견했을 때에는 '폭풍의 곶'이라고 불렸다. 전설에 따르면 폭풍의 곶은 파도가 거센 데다가 바닷물까지 뜨겁다고 전해졌기 때문이다. 훗날 포르투갈의 왕이 선원들의 공포심을 없애기 위해 '희망봉'으로 바꾸어 불렀다.

바스코 다 가마의 탐험단은 네 척의 배에 168명의 선원을 태웠어요. 그리고 인도로 가는 첫 발을 내딛었지요. 다행히 바람이 약하고 날씨도 나쁘지 않아, 같은 해 11월에는 무사히 희망봉에 이르렀어요. 이어 희망봉을 끼고 돌아 북쪽으로 올라갔어요. 마침내 이듬해(1498년) 5월 인도의 캘리컷에 도착했답니다.

지금은 코지코드라고 불리는 지역이야.

"우리는 당신들과 무역을 하고 싶습니다."

바스코 다 가마는 캘리컷 사람들과 무역을 하고 싶어했어요. 하지만 바스코 다 가마의 요구는 거절당하고 말았어요. 이때 캘리컷 사람들은 이슬람 사람들과 무역을 하고 있었거든요. 바스코 다 가마가 가져간 물건은 그들 것에 비해 형편없었고 말이에요. 바스코 다 가마는 하는 수 없이 인도에서 향신료만 구한 뒤 다시 귀국길에 올랐어요.

돌아오는 길은 아주 험난했어요. 바스코 다 가마가 고향으로 돌아왔을 때, 살아남은 선원은 고작 55명에 불과했지요. 하지만 바스코 다 가마는 최초로 인도로 가는 바닷길을 개척했기 때문에 포르투갈의 왕에게 크게 칭찬을 받았어요. 왕은 바스코 다 가마에게 백작이라는 작위를 내렸고, 사람들은 그를 '인도양의 제독'이라 불렀답니다.

콜럼버스, 신대륙을 발견하다

1451년 이탈리아의 직조공 집안에서 태어났어. 포르투갈에 정착해 바다 지도를 만들다가 에스파냐 왕의 지원을 받아 새로운 땅을 발견할 수 있었지.

마르코 폴로가 원나라 등 동쪽 지방에 다녀온 이야기를 루스티첼로라는 사람이 듣고 쓴 책이야.

"내가 반드시 지팡구를 찾아내고 말 거야!"

바스코 다 가마가 인도 항로를 발견하기 몇 년 전, 항해사 콜럼버스도 큰 꿈을 꾸고 있었어요. 콜럼버스는 특히 마르코 폴로의 여행기 《동방견문록》에 황금이 널려 있다고 나오는 지팡구라는 섬에 꼭 가고 싶었어요.

콜럼버스는 마르코 폴로처럼 육지가 아닌 바다로 배를 타고 갈 결심을 했어요.

'그래. 지구가 둥글단 말이지? 그럼 대서양 서쪽으로 계속 가면 결국 동쪽 지방에 갈 수 있겠어.'

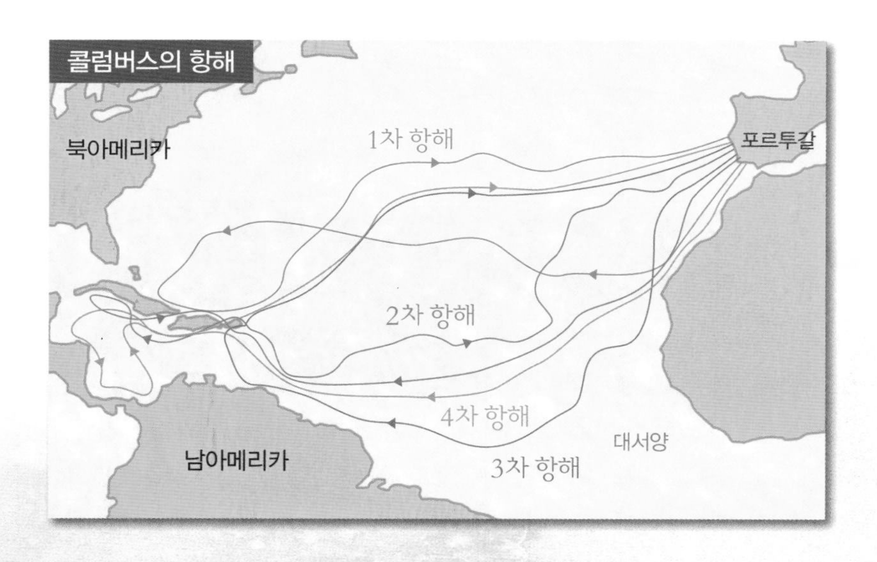

콜럼버스는 지리학자 토스카넬리에게 편지를 보내 자신의 생각을 알렸어요. 그러자 토스카넬리는 기뻐하며 답장을 보내 왔어요.

"콜럼버스, 당신의 생각이 옳소. 지구는 둥글기 때문에 서쪽 바다로 나가면 훨씬 빨리 동쪽 지방에 갈 수 있을 거요."

사실 이때까지만 해도 많은 사람들이 바다 끝으로 가면 낭떠러지가 있을 거라 생각했어요. 그러나 콜럼버스는 몇몇 과학자들이 주장한 대로 지구가 둥글다고 믿고 있었지요.

토스카넬리

1397년에 태어나 1482년까지 활동한 이탈리아의 천문학자야. 지구가 둥글다고 믿었어.

콜럼버스의 상륙
콜럼버스는 1492년 대서양을 지나 새로운 땅에 도착했다. 콜럼버스는 그곳이 인도라 믿었지만 사실은 지금의 미국 플로리다 주에 있는 작은 섬이었다.

콜럼버스는 자신이 세운 계획을 자세히 적어 포르투갈 국왕을 찾아가 도움을 청했어요. 하지만 포르투갈 왕은 이를 거절했어요. 하는 수 없이 콜럼버스는 에스파냐의 이사벨 여왕을 찾아가 부탁했어요. 다행히도 여왕은 오랜 고민 끝에 콜럼버스를 돕기로 했어요.

여왕은 콜럼버스에게 배 세 척을 내주었어요. 산타마리아 호, 핀타 호, 니냐 호였지요. 뿐만 아니라 여왕은 멀고 먼 항해에 필요한 식량과 물, 또한 인도에 도착했을 때 향신료와 바꿀 옷감과 금 등 온갖 물품들을 함께

산타마리아 호

150톤의 짐을 실을 수 있을 정도로 커서 콜럼버스의 첫 항해에 함께한 90명의 선원 중 40명이 이 배에 탔어.

주었어요.

1492년, 콜럼버스는 첫 항해를 시작했어요. 콜럼버스의 배는 한동안 아무런 문제없이 서쪽을 향해 나아갔어요. 하지만 아무리 가도 육지가 나오지 않았어요.

"도대체 언제 육지가 나온다는 거야?"

선원들은 불만을 터트리기 시작했어요. 항해가 길어지자 오래도록 신선한 채소를 먹지 못해 괴혈병에 걸렸고, 급기야 한둘씩 목숨을 잃었지요. 선원들은 불안에 떨었어요. 선원들은 콜럼버스에게 배를 돌리라고 요구했어요. 하지만 콜럼버스는 그럴 수 없었어요.

비타민 C가 부족해서 생기는 병이야. 기운이 없고 잇몸에서 피가 나기도 해.

그로부터 얼마나 지났을까, 육지가 나타났어요. 작은 섬이었지요.

"이곳은 이제부터 에스파냐 땅이다!"

섬에 내린 콜럼버스가 선언했어요. 그리고 항구로 몰려온 원주민들을 '인디언'이라 불렀지요. 인디언은 '인도 사람'이라는 뜻이었어요.

하지만 무언가 이상했어요. 원주민이 쓰는 말이 인도 사람의 말이 아니었던 거예요. 뿐만 아니라 콜럼버스가 그토록 찾던 향신료도 없었고, 금도 찾을 수가 없었어요. 맞아요. 콜럼버스가 발견한 것은 지팡구도 아니었고, 인도 땅도 아니었어요. 콜럼버스가 내린 곳은 신대

대륙 이름의 주인 아메리고 베스푸치
1454년 이탈리아 피렌체에서 태어났다. 콜럼버스의 항해용 배 만드는 일을 돕기도 했으며, 이후 콜럼버스가 발견한 곳이 인도가 아니라는 사실을 알아냈다.

륙의 작은 섬(지금의 미국 플로리다 주에 있는 작은 섬)이었던 거예요. 결국 콜럼버스는 원하는 것을 얻지 못하고 에스파냐로 돌아와야 했어요.

콜럼버스는 자신이 발견한 땅이 인도라고 믿었지만, 실제로 인도에 먼저 도착한 사람은 그로부터 5년 후에 항해를 떠난 바스코 다 가마였지요.

시간이 지나, 콜럼버스가 발견한 땅이 새로운 대륙이라는 사실을 알아 챈 사람은 아메리고 베스푸치였어요.

베스푸치가 항해를 떠난 것은 콜럼버스가 첫 항해를 떠난 지 7년이 지난 후였어요.

베스푸치는 콜럼버스가 먼저 밟았던 새로운 땅을 10여 년 동안 여러 번 탐험했어요. 그리고 콜럼버스가 처음 내렸던 곳이 인도가 아닌 새로운 땅이라는 사실을 알아차렸어요.

베스푸치는 확신에 차서 자신의 나라에 편지를 보냈어요.

"나는 새로운 땅을 발견했습니다."

훗날 어떤 지도 제작자는 아메리고 베스푸치의 이름

을 따서 새 대륙의 이름을 '아메리카'라고 지었답니다.

이 두 사람의 항해는 훗날 여러 새로운 땅과 새 항로를 찾는 계기가 되었어요. 항해사 발보아는 파나마를 지나 처음으로 태평양에 이르렀고, 특히 마젤란은 세계 일주의 큰 꿈을 가지게 되었답니다.

남북 아메리카를 잇는 땅이란다.

마젤란, 세계 일주를 꿈꾸다

어린 시절을 포르투갈의 리스본에서 보낸 마젤란(51쪽)이라는 군인이 있었어요. 항해를 많이 해 본 항해사이기도 했지요. 마젤란 역시 인도로 가는 바닷길에 관심이 많았어요.

'바스코 다 가마라는 사람이 아프리카의 남쪽 끝을 돌아 동쪽으로 항해해서 인도에 도착했다지? 꼬박 1년이 걸려서 말이야. 하지만 서쪽으로 나가서 신대륙 남쪽을 돌아가면 훨씬 더 빨리 갈 수 있지 않을까?'

마젤란은 포르투갈의 왕에게 도움을 청했어요. 하지만 왕은 마젤란의 부탁을 거절했어요. 오히려 마젤란이 법을 어기고 무역을 했다며 의심했지요.

마젤란은 에스파냐로 건너갔어요. 이번에는 에스파

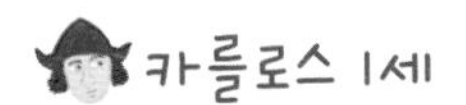

1516년에는 에스파냐의 왕이 되었고, 1519년에는 신성 로마 제국(독일)의 왕이 되었어. 신성 로마 제국에서는 카를 5세라고 불렸지.

냐 국왕 카를로스 1세에게 자신의 뜻을 알리고 도와 달라고 부탁했어요. 에스파냐 국왕은 곰곰이 생각했어요.

'향신료를 구할 수 있는 새로운 뱃길을 열 수만 있다면, 그보다 좋은 일이 어디에 있겠는가?'

에스파냐 국왕은 마젤란의 오랜 경험을 믿었어요. 국왕은 결국 마젤란을 돕기로 결정했지요.

"만약 새로운 뱃길을 찾아낸다면, 이 항해를 통해서 얻는 이익의 20분의 1을 그대에게 주겠소."

그리고 에스파냐 국왕은 마젤란에게 배 다섯 척을 내주기로 했어요.

마젤란은 1519년 9월, 270여 명의 선원을 태우고 항해를 시작했어요. 마젤란은 자신감에 차 있었어요.

'신대륙 어딘가에 대륙을 가로지르는 강이 분명히 있을 거야.'

그렇게만 하면 대륙을 완전히 빙 돌지 않고 빠른 시간 안에 인도에 도착할 거라고 믿었어요.

하지만 여행은 생각보다 쉽지 않았어요. 이듬해 3월, 에스파냐 출신의 선원들이 반란을 일으켰어요. 마젤란은 가까스로 반란을 억눌렀지만, 그보다 더 큰 문제는 마젤란이 생각했던 대륙을 가로지르는 강이 나타나지 않는다는 거였어요.

그리고 남쪽으로 내려갈수록 파도가 거세져서 배가 부서지는 일이 잦았어요. 그때쯤 먹을 것도 떨어져 가고 있었지요. 결국 다섯 척의 배 중 가장 큰 배인 산안토니오 호가 뱃머리를 돌려 본국으로 도망쳐 버리고 말았어요.

이듬해 10월, 마침내 마젤란이 이끄는 함대는 신대륙의 남쪽 거의 끝 부분에 다다랐어요. 그리고 마침내 대륙을 통과하는 거대한 물길을 발견했지요. 하지만 그 물길은 물살도 거칠고, 좁고 암초가 많아서 항해하기가 무척 힘이 들었어요. 이때 배 한 척이 침몰하고 말았지요. 이곳은 오늘날의 마젤란 해협으로, 좁은 바다였어요.

가까스로 해협을 빠져나온 마젤란의 배는 거대한 바다에 들어섰어요. 바다는 너무나 고요했어요. 2만 킬로미터나 항해를 하는데, 큰 바람이나 태풍조차도 없었지요.

'한 번도 보지 못한 바다로구나.'

마젤란은 이 바다를 고요하다는 뜻으로 '태평양'이라 불렀어요.

해협

육지 사이에 끼어 있는 좁고 긴 바다를 말해.

세계 일주를 시도한 마젤란
마젤란은 태평양 항해 이전에 인도로 가서 7년이나 머물며 인도의 향신료 등을 조사했다. 이같은 경험이 그에게 자신감을 주었다.

마젤란의 항해

마젤란은 인도가 멀지 않았을 거라고 믿었어요. 하지만 선원들의 마음은 달랐어요.

"이젠 항해에 지쳤습니다. 길을 찾았으니 그만 돌아갑시다."

바다는 고요했지만, 식량은 떨어졌고, 무려 세 달이나 육지가 보이지 않았으니까요. 병에 걸려 죽어 가는 선원들이 점차 늘어났어요. 그들은 톱밥을 먹었고, 쥐까지 잡아먹으며 겨우겨우 버티고 있었어요.

그러던 1521년 3월, 마젤란은 마침내 육지에 다다랐어요. 하지만 그곳은 마젤란이 원하던 인도가 아니었어요. 필리핀 사마르 섬이었지요.

마젤란은 원주민들이 보는 앞에서 외쳤어요.

"이제부터 이곳은 에스파냐 땅이다!"

그런 뒤, 세부 섬으로 향했어요. 그곳에서는 원주민들과 사이좋게 지내기로 약속하고, 부족장과 의형제를 맺었어요. 하지만 이 일은 마젤란의 목숨을 재촉하는 일이 되고 말았어요.

세부 섬
필리핀 중부에 있는 섬이야.

필리핀 원주민
마젤란이 죽은 후 수십 년이 지나, 1495년경 에스파냐 사람과 만난 필리핀의 원주민들을 그린 그림이다.

부족장이 마젤란에게 또 다른 부족을 물리쳐 줄 것을 부탁했던 것이에요. 이에 마젤란은 두 부족의 싸움에 나섰지요. 마젤란은 상대를 얕보고 달려들었다가 원주민들에게 비참하게 죽고 말았어요. 안타깝게도 마젤란이 꿈꾼 세계 일주의 꿈은 이루어지지 못했지요.

선장을 잃은 나머지 선원들은 허겁지겁 섬을 빠져나와 항해를 계속했어요. 그러다가 그해 11월, 향신료가 가득한 몰루카 제도에 도착했지요. 그리고 남은 배 한 척에 향신료를 잔뜩 싣고 마침내 에스파냐로 돌아왔어요. 살아 돌아온 선원은 고작 18명이었어요.

하지만 그럼에도 마젤란은 세계 일주를 시도한 최초의 탐험가였고, 마젤란의 선원들이 타고 돌아온 빅토리아 호는 세계 일주를 완성한 최초의 배가 되었답니다.

이처럼 유럽 사람들이 새로운 땅을 발견하면서 유럽에는 동양의 차 같은 새로운 문물이 들어왔어요. 아메리카 대륙에서는 감자와 담배, 설탕 같은 것들이 새로 들어왔지요. 이런 것들은 유럽 사람들의 생활 습관을 바꿔 놓았어요. 그리고 새로운 땅을 찾기 위해 애를 쓴 에스파냐와 포르투갈은 그곳에서 들여온 금과 은을 발판으로 유럽의 강대국으로 발돋움할 수 있었답니다.

아스테카와 잉카 문명의 종말

새로운 항로를 알아내고, 새로운 땅을 발견하면서 유럽 사람들 사이에 소문이 퍼졌어요.

"새로운 땅에는 우리가 알지 못하는 문명 세계가 있다던데?"

"그뿐 아니라 온통 황금으로 뒤덮인 세상이 있다네!"

사람들은 기회만 있으면 새로운 대륙을 탐험하기 위해 나섰어요. 특히 에스파냐의 군인이었던 에르난도 데 소토는 황금의 도시라고 알려진 엘도라도를 찾아 나서기도 했어요. 소토는 북아메리카에 도착해 미시시피 강가에 이르렀지만, 엘도라도를 찾지 못하고 열병으로 죽고 말았어요.

그런데 정말 새로운 대륙에는 문명이 없었을까요? 물론 아메리카 대륙에도 문명이 발달해 있었어요.

이미 기원전부터 마야 사람이 중앙아메리카의 유카탄 반도(멕시코 만과 카리브 해 사이)에 모여 살고 있었어요. 이들은 1세기 즈음에, 열대 우림 지역의 높은 고원 지대에 도시를 만들고 문명을 꽃피웠지요.

엘도라도

신대륙에 있었다는 전설의 도시야. 무기는 물론이고 옷과 장식품에 이르기까지 모두 황금이라고 소문이 났지.

소토

에스파냐의 탐험가였어. 원주민을 무자비하게 죽여 악명이 높아.

마야의 도자기 접시
오늘날 멕시코에 있는 고대 도시 칼라크물에서 발견된 마야 문명의 도자기이다. 600~800년경 만들어진 것으로 짐작한다.

마야의 신전
건물 입구에 뱀, 신의 얼굴, 회오리 등의 무늬로 정교하게 장식했다.

마야 사람들은 거대한 신전을 지었고, 피라미드도 쌓았어요. 그리고 태양신을 섬겼고, 왕을 태양신의 후손이라 믿었어요. 왕은 정말로 자신이 신처럼 보이게 하려고 앞니를 뾰족하게 갈기도 했고, 얼굴에는 온갖 색으로 그림을 그렸답니다.

태양력
지구가 태양의 둘레 한 바퀴를 도는 데 걸리는 시간을 1년으로 정한 달력이야.

이들은 놀랍게도 매우 정확한 태양력을 가지고 있었어요. 이미 이 무렵에 1년이 약 365.2420일(현대의 과학으로 밝혀낸 1년은 365.2422일)이라는 사실을 밝혀내기도 했지요.

하지만 이렇게 발달했던 문명은 9세기 이후에 갑자기 멸망해 버렸어요. 콜럼버스가 신대륙에 도착했을 때, 이들 문명은 사라진 뒤였어요.

하지만 더욱 강하고 거친 종족이 마야 문명을 이어받아 또 다른 문명을 일구어 냈어요. 아스테카 사람들이었지요.

아스테카 사람은 처음 중앙아메리카 일대를 떠돌아다니다가 다른 종족들과 싸움을 벌였고, 먹을거리와 무기, 그리고 병사를 빼앗아 점점 더 힘을 키워 나갔어요. 그러다가 높은 고원 위에서 드넓은 호수를 발견했어요. 그 안에는 작은 섬들이 솟아나 있었지요. 아스테카 사람들은 바로 그 섬 중의 한 곳에 새로운 도시를 건설했어요. 테노치티틀란이었어요.

전성기 때에 테노치티틀란에는 약 20~30만 명이 살았고, 그 주위에도 크고 작은 도시들이 세워졌어요. 아스테카 부족은 길을 잘 정리하고 물길을 파서 운하로

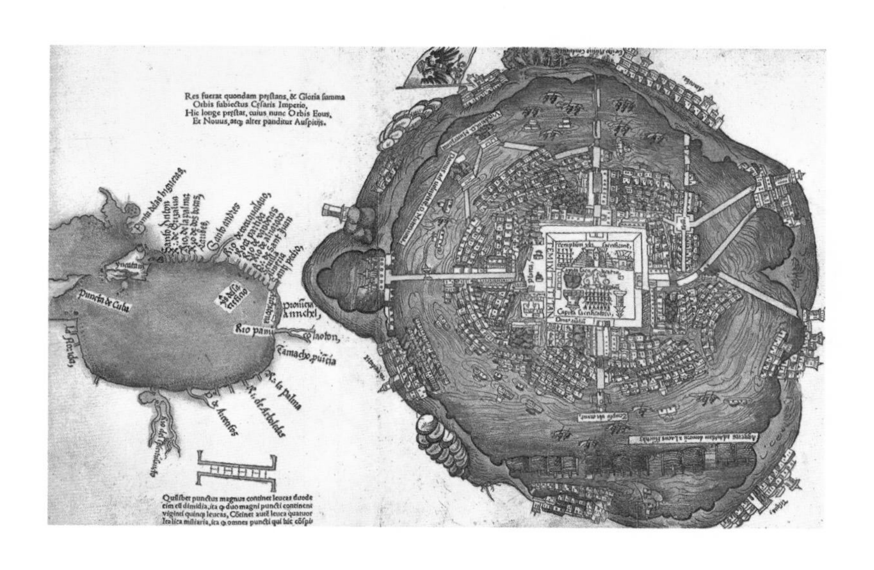

아스테카 문명의 중심지 테노치티틀란

아스테카 문명의 수도였다. 멕시코에 있던 텍스코코 호수 가운데의 섬에 세워졌다. 지금은 호수가 대부분 메워지고 멕시코의 수도인 멕시코시티가 건설되어 있다.

사용하기도 했어요. 호수에서 물고기를 잡았고, 주변의 땅에서는 농사를 지었어요. 또 코코아 열매를 따서 처음으로 초콜릿을 만들었어요. 그리고 피라미드 모양의 신전을 지어 제사를 올렸지요.

그러던 1519년, 에스파냐의 군인이었던 탐험가 코르테스가 선원 508명을 이끌고 이들 앞에 나타났어요. 아스테카 사람들은 코르테스를 무척이나 반겼어요.

"오오! 우리들의 케찰코아틀이 나타나셨다!"

케찰코아틀은 사람에게 농업을 전해 주고 문명을 일구게 해 주었다는 아스테카 사람의 신이었어요. 케찰코

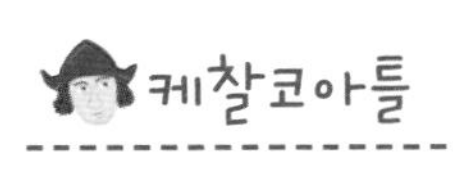

아스테카 문명의 신으로 농업뿐 아니라 물을 다스린다고 믿어졌어.

아틀은 깃털 있는 뱀이란 뜻이었는데, 얼굴이 흰 남자로 여겨졌어요. 아스테카 사람들은 코르테스를 하늘에서 내려온 신이라 생각했고, 그들이 타고 온 배를 신의 날개라 여겼지요.

정복자 코르테스
1485년 에스파냐의 가난한 귀족 아들로 태어났다. 19세에 쿠바에 와서 식민지 원정대에 근무했다. 테노치티틀란을 정복한 후에는 에스파냐 총독으로 일했다.

아스테카 사람들은 이렇게 생각했지만 코르테스는 테노치티틀란을 공격했어요. 아스테카 사람들은 에스파냐 사람들에 맞서 끈질기게 저항했지만 그들의 총과 화약 대포 공격을 당해 낼 수는 없었어요.

결국 아스테카의 왕 몬테수마 2세는 황금을 가득 실은 마차를 코르테스에게 보냈어요. 하지만 코르테스는 만족하지 않았어요.

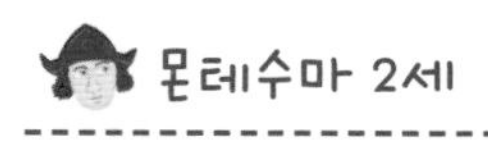

1502년부터 1520년까지 아스테카를 다스린 9대 왕이었단다.

“더 많은 황금을 내놓고, 모두 기독교를 믿어라!”

몬테수마 2세가 기독교 믿기를 거부하자, 코르테스는 또다시 전쟁을 벌였고, 몬테수마 2세를 살해했어요. 뿐

오늘날의 쿠스코
이 도시는 잉카 사람들이 땅을 지배하는 신이라 믿었던 동물 퓨마의 모양을 본떠서 만들었다고 한다. 에스파냐가 정복 후 도시 위에 교회와 궁전을 건축했다.

만 아니라 아스테카 사람들을 많이 죽여 없앴어요. 이 날을 '슬픔의 밤'이라 불렀어요.

결국 아스테카 문명은 코르테스와 그 부하들에게 멸망당하고 말았어요. 코르테스는 멸망한 아스테카의 도시 케찰코아틀에 식민지 수도를 세웠어요. 훗날 그곳은 멕시코의 수도 멕시코시티가 되었답니다.

한편 남아메리카의 서쪽 해안 지역에도 발달한 문명이 전성기를 맞고 있었어요. 다름 아닌 잉카 문명이었지요.

잉카 사람들은 이미 15세기 중엽에 남북으로 4천 킬

로미터(한반도 길이의 네 배)에 달하는 대제국을 건설하고 있었어요. 그들의 수도 쿠스코에는 반듯하게 자른 돌로 집이 지어져 있었고, 자갈로 포장된 곧은 도로들이 사방에 뻗어 있었어요. 바로 이 길을 통해 전국의 수많은 물품들이 오가며 거래되었어요. 농사 기술도 뛰어나 매우 풍요로운 생활을 하고 있었지요.

그러던 1530년, 그들에게도 에스파냐의 모험가 피사로가 선원 158명을 이끌고 들이닥쳤어요. 이들은 총을 쏘아 대며 잉카 사람

정복자 피사로
1465년경 에스파냐의 가난한 집에서 태어났다. 탐험가가 되어 잉카를 정복했다.

들을 공격했어요. 뿐만 아니라 잉카의 왕을 포로로 잡고 황금을 내놓으라고 윽박질렀지요.

이에 잉카의 왕은 전 국민에게 금을 가지고 오라고 명령을 내렸어요. 그 명령에 따라 5개월 만에 5천 킬로그램의 금이 피사로 앞에 쌓였어요. 하지만 에스파냐 군인들은 그것도 모자라 신전으로 쳐들어가 황금 장식을 떼어 내고 부쉈어요.

피사로의 욕심은 거기서 그치지 않았어요. 피사로는 잉카의 왕을 살해하고, 더 많은 금을 빼앗았어요. 코르테스가 그랬던 것처럼 사람들을 죽이기도 했어요. 그리

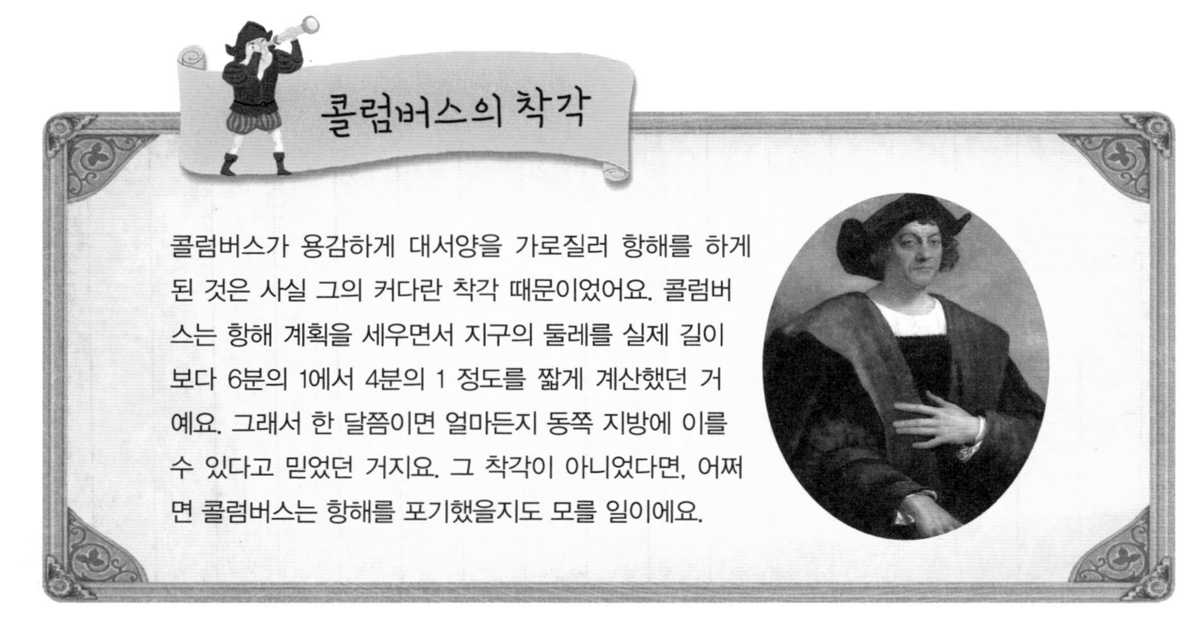

콜럼버스의 착각

콜럼버스가 용감하게 대서양을 가로질러 항해를 하게 된 것은 사실 그의 커다란 착각 때문이었어요. 콜럼버스는 항해 계획을 세우면서 지구의 둘레를 실제 길이보다 6분의 1에서 4분의 1 정도를 짧게 계산했던 거예요. 그래서 한 달쯤이면 얼마든지 동쪽 지방에 이를 수 있다고 믿었던 거지요. 그 착각이 아니었다면, 어쩌면 콜럼버스는 항해를 포기했을지도 모를 일이에요.

고 잉카를 점차 자신들의 식민지로 바꾸어 나가기 시작했어요.

잉카 문명 역시 욕심 많은 에스파냐 탐험가에 의해 멸망하고 말았어요.

사라진 아메리카 문명을 찾아서

마야의 신전, 치첸이트사

치첸이트사는 500~700년경 3만 5천 명 정도의 마야 사람들이 살았던 곳이에요.
지금은 계단식으로 쌓은 신전이 당시 문명을 보여 주지요.
신전 앞에서 손뼉을 치면 새소리가 난다고 해요.

아스테카의 떠 있는 정원, 소치밀코

텍스코코 호수의 가운데 떠 있던 섬 테노치티틀란은 아스테카 사람들이 만들었다고도 전해져요. 뗏목을 만들어 띄우고 그 위에 흙을 쌓았대요. 에스파냐의 정복군이 수로를 메워 더 이상 섬이 아니게 되었지만 옛 테노치티틀란의 한 부분인 소치밀코라는 곳은 여전히 남아서 관광객을 맞이하고 있지요.

늙은 봉우리, 마추픽추

잉카 사람들의 가장 유명한 유적지 마추픽추는 원주민 말로, '늙은 봉우리'라는 뜻이에요. 무려 해발 2400미터 산맥 깊숙한 곳에 위치하고 있지요. 지금도 이곳에는 태양의 신전, 궁전, 광장 등 다양한 시설들의 흔적이 자리 잡고 있어요.

3장 이슬람 세계의 변화

오스만 제국의 최대 영역

나는 이스탄불에 사는 아미나라고 해. 아버지를 도와서 튤립 가꾸는 일을 하고 있어. 왜 튤립을 가꾸느냐고? 우리 오스만 제국 사람들은 튤립 정원에서 차를 마시며 이야기 나누는 것을 좋아하거든. 금지된 술 대신 차를 마시며 밤새 이야기를 나누곤 하지. 우리는 이 튤립 정원을 '카웨'라고 불러. 길거리 카페 같은 곳이야. 유럽 사람들도 우리 문화를 부러워해서 너도나도 튤립을 심는다지? 비밀 하나를 알려 주자면, 우리 덕분에 튤립이 네덜란드의 상징이 되었단다.

오스만 제국의 탄생

튀르크 족의 하나였던 오스만 족은 나라를 세우기 전까지는 아시아 중부 지역을 떠돌던 유목민에 지나지 않았어요. 오스만 족은 칭기즈 칸의 몽골 군대가 대륙을 휩쓸자 서쪽으로 달아났어요. 그리고 비잔틴 제국의 국경 지역에 자리 잡고 살기 시작했지요. 오스만 사람들은 이슬람 사람들과 먹을거리나 물건을 맞바꾸기 위해 만나면서 이슬람교를 믿게 되었어요.

가지

이슬람교 전파를 위해 싸우는 이슬람 병사들이야.

14세기 말 무렵, 그 일대를 지배하던 일한국(칭기즈 칸의 손자 훌라구가 세운 나라)이 약해졌어요. 그러자 오스만 족도 자신들의 나라를 세우고자 노력했지요. 특히 오스만 베이(오스만 1세)는 위대한 튀르크 전사로 알려진 가지를 모아 힘을 키웠어요. 그리고 오스만 제국을 세운 뒤 영토 넓히기에 나섰어요.

이어 그의 아들 오르한 베이(오르한 1세)는 비잔틴 제국의 도시였던 부르사를 점령하고 그곳을 수도로 삼았어요. 그러고는

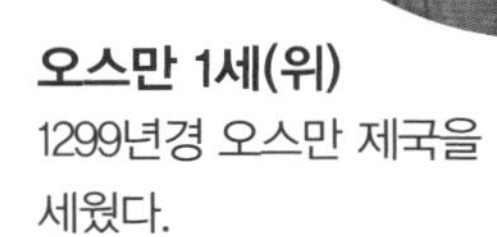

오스만 1세(위)
1299년경 오스만 제국을 세웠다.

무라트 1세(아래)
오스만 제국의 세 번째 술탄이다. 제국의 땅을 넓혔을 뿐 아니라 나라의 제도를 잘 세웠다.

튀르크 족을 하나씩 합치면서 비잔틴 제국 쪽으로 영토를 넓혀 나갔어요. 이후 무라트 1세와 바예지드 1세도 연이어 유럽 국가들과 전쟁을 치루며 세력을 키웠지요.

그리고 메메트 2세(7대 술탄) 때, 오스만 제국은 마침내 비잔틴 제국의 수도 콘스탄티노폴리스를 공격하기 시작했어요. '정복자'라는 별명을 가지고 있던 메메트 2세는 용감한 용병들을 데려오고, 황소 100마리가 끌어야 할 만큼 큰 대포도 만들었어요. 삼면이 바다로 둘러싸인 데다가 튼튼하기로 이름난 콘스탄티노폴리스의 성벽을 뚫기 위해서였지요.

1453년 4월, 마침내 오스만 제국의 포탄이 콘스탄티노폴리스의 성벽을 때리기 시작했어요. 그토록 튼튼하던 성벽에 금이 가고, 건물들은 부서지기 시작했어요. 하지만 콘스탄티노폴리스의 성문은 좀처럼 열리지 않았지요. 비잔틴 제국의 사람들이 "콘스탄티노폴리스는 하늘에 뜬 달이 검은색으로 변하기 전까지는 무너지지 않는다!"라고 외치며 도시를 잘 지켜 내고 있었으니까요.

메메트 2세는 바다 쪽으로는 전함을 보내 공격하고,

바예지드 1세(위)
오스만 제국의 네 번째 술탄이다. 군대를 잘 이끌어 '번개'라는 별명이 있었다.

메메트 2세(아래)
정복지 백성의 종교를 인정하고 너그럽게 대해 주었다.

육지 쪽에서는 대포를 쏘아 공격을 퍼부었어요.

결국엔 비잔틴 사람들도 흔들리기 시작했어요. 식량과 물이 떨어져 몰래 도망을 치는 사람도 생겨났지요. 그러자 비잔틴 황제는 성 소피아 대성당에 가서 마지막 기도를 올리고 직접 메메트 2세의 군대와 맞서 싸웠어요. 하지만 이미 그때는 오스만의 병사들이 새까맣게 콘스탄티노폴리스의 성벽으로 기어오르고 있었지요.

성 소피아 대성당

비잔티움 제국의 대표적인 건축물이야. 532년~537년에 지어졌어.

메메트 2세는 병사들에게 외쳤어요.

"나의 병사들아! 이제 이 도시는 우리의 것이다!"

마침내 성문 하나가 열리고 오스만의 병사들이 몰려들어갔어요. 그들은 도시를 휩쓸고 다니면서 재물을 빼앗고 대드는 사람들을 죽음으로 몰아넣었어요. 비잔틴의 황제 역시 이 싸움에서 목숨을 잃고 말았지요.

성을 점령한 메메트 2세는 즉시 성 소피아 대성당으

로 달려갔어요. 그리고 성 소피아 대성당을 기독교 성당이 아닌, 이슬람교의 예배당(모스크)으로 바꾸도록 했어요. 이어 그곳에서 첫 예배를 올렸어요. 기독교도들이 마지막 예배를 올린 지 꼭 나흘만이었어요.

메메트 2세는 콘스탄티노폴리스의 이름을 이스탄불이라 바꾸고 오스만 제국의 새로운 수도로 정했어요.

오스만 제국은 여기서 멈추지 않고 끊임없이 세력을 넓혀 나갔어요. 이후 20여 년에 걸쳐서 발칸 지역, 헝가리, 이탈리아 남부를 아우르며 세력을 키웠지요.

발칸 지역

그리스, 불가리아 등이 있는 지역이야.

오스만 제국의 전성기

오스만 제국의 전성기를 이끈 슐레이만 1세
오스만 제국의 제10대 술탄이다. 영토 확장에 힘썼고, 법률, 문학, 예술, 건축 등의 분야에서 큰 업적을 이뤘다.

오스만 제국의 전성기는 슐레이만 1세 때 찾아왔어요. 슐레이만 1세는 술탄의 자리에 오르자마자 증조할아버지인 메메트 2세가 채 하지 못한 정복 전쟁을 시작했어요. 특히 슐레이만 1세는 헝가리로 들어가는 문인 베오그라드 요새를 점령했고, 지중해 동부의 로도스 섬을 공격해 차지했어요. 로도스 섬은 지중해를 차지하기 위해 꼭 필요한 곳이었지요. 뿐만 아니라 슐레이만 1세는 동쪽으로도 손을 뻗어 바그다드와 이라크의 대부분, 그리고 소아시아 동부까지 손에 넣었어요.

슐레이만 1세는 모든 이슬람 국가들을 향해서 말했어요.

"나야말로 전 세계 이슬람교도들을 이끄는 진정한 칼리프이다!"

물론 몇몇 이슬람교도들은 인정하려 들지 않았어요. 하지만 그들도 오래지 않아 슐레이만 1세의 힘을 받아들여야 했어요. 왜냐하면 슐레이만 1세가 메카와 메디

오스만 제국

1299년경 세워져 1922년까지 소아시아 중심으로 번성한 이슬람 국가야.

나, 그리고 예루살렘을 정복했기 때문이에요. 이 세 지역은 이슬람교도들이 성지로 떠받드는 곳이었지요. 이슬람 사람들은 누구라도 성지를 순례하기 위해서는 슐레이만 1세가 정복한 땅을 밟아야 했어요. 그 때문에 누구도 슐레이만 1세에게 함부로 맞서지 못했답니다.

한편으로 슐레이만 1세는 공정한 지도자이기도 했어요. 넓어진 영토를 잘 다스리기 위해 법을 고쳤지요.

'내 영토 안의 여러 종족과 인종들을 차별 없이 다스리려면 모두에게 통하는 법률이 필요해!'

그리고 이 법이 잘 지켜지는지 확인하기 위하여 지방을 자주 다니며 지방관들을 지켜보았어요. 뿐만 아니라 능력만 있다면 출신을 따지지 않고 일을 주려 애썼어요. 그런 덕분에 슐레이만 1세 이후에는 노예 출신의 관리가 여럿 탄생하기도 했답니다. 이어 누구라도 재산을 가질 수 있도록 하여 경제가 잘 돌아가게 했어요. 그래서 오스만 제국은 나날이 번성해 갔지요.

하지만 슐레이만 1세는 1566년 헝가리 원정을 직접 이끌고 나섰다가 전쟁터에서 세상을 떠나고 말았어요. 이후 오스만 제국은 300년 이상 나라를 유지했지만, 이때만큼의 전성기는 없었답니다.

물론 오스만 제국의 문화도 이때 가장 번성했어요.

칼리프

신의 사도(무함마드)의 대리인이라는 뜻이야.

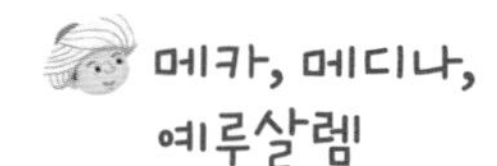

메카, 메디나, 예루살렘

메카는 무함마드가 신의 계시를 받은 곳이야. 메디나는 이슬람교가 퍼져 나가기 시작한 곳이고, 예루살렘에서는 무함마드가 승천했다고 전해지지.

쉴레이만 1세 때 부서진 예루살렘 성벽을 다시 쌓았고, 예루살렘은 평화를 누렸지요. 더구나 쉴레이만 1세는 모든 종교에 대해 너그러웠어요.

쉴레이만 1세는 예루살렘 성벽 외에도, 이스탄불에 모스크는 물론 궁전과 공공 건축물을 많이 지었어요. 이스탄불을 이슬람 문명의 대표적인 도시로 만들고 싶었기 때문이에요.

이때 미마르 시난이라는 건축가가 크게 활약했어요. 미마르 시난은 무려 100여 개의 건축물을 지었어요. 특히 비잔틴 양식을 이용해 지은 쉴레마니예 모스크가 매우 아름다웠어요.

건축뿐만이 아니라, 오스만 제국에서는 다양한 예술가와 기술자들이 활발하게 활동했어요. 특히 쉴레이만

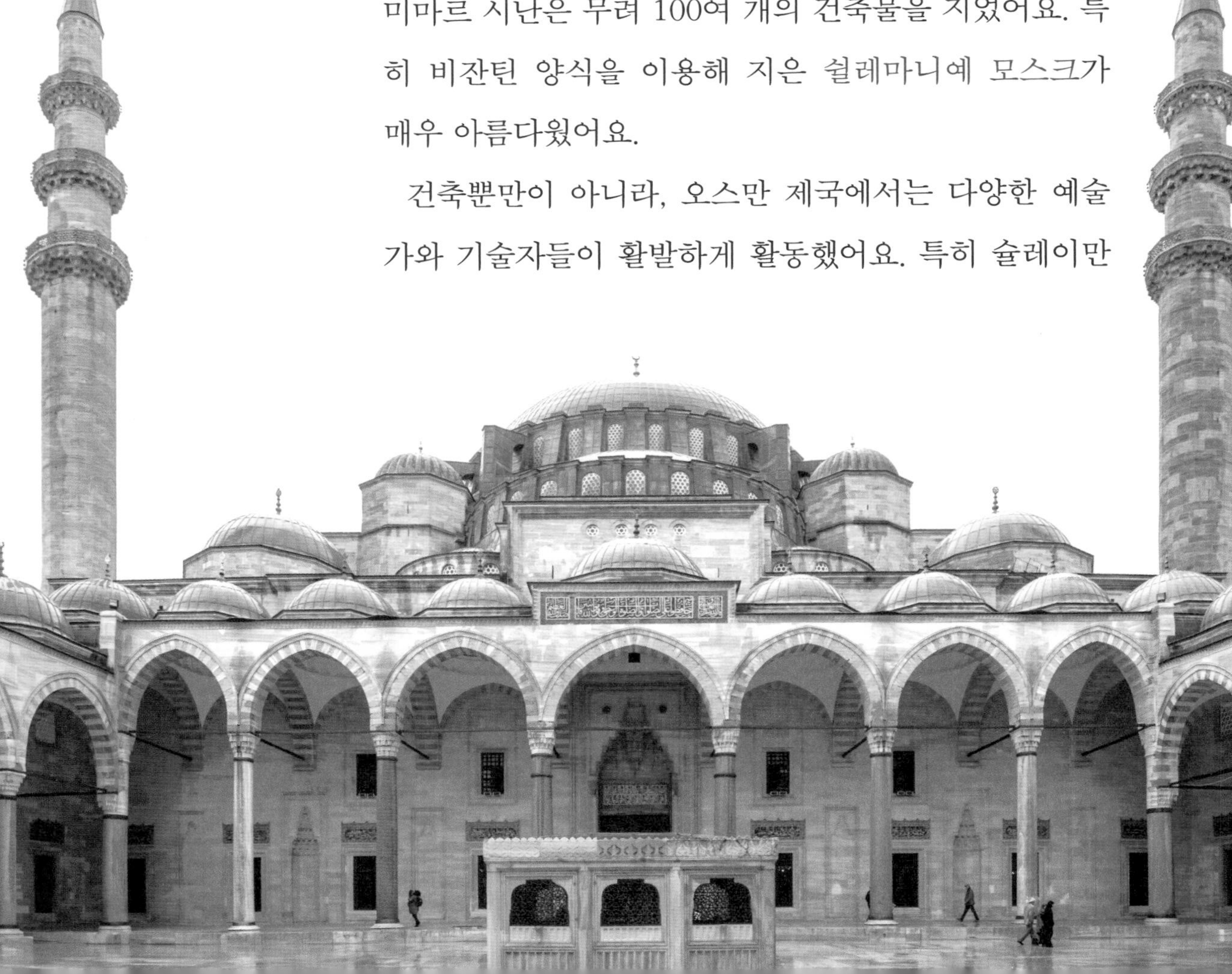

쉴레마니예 모스크 (미마르 시난 건축)
이스탄불에 있는데, 쉴레이만 1세가 성 소피아 대성당에 맞먹는 모스크로 계획하였다. 28년간 수천 명의 일꾼이 건축에 참여하였다.

1세 때에는 왕실에서 예술가 집단을 도왔는데, 이들은 해마다 네 번의 급료를 받았어요. 이 소문을 듣고 유럽의 화가와 건축가를 비롯해, 보석 세공사, 직물 제조공 등이 찾아오기도 했어요. 그런 덕분에 오스만 제국에서는 유럽의 예술과 이슬람의 예술이 자연스럽게 어우러질 수 있었지요.

미마르 시난

'미마르'는 건축가라는 뜻이야. 돌로 물건을 만드는 사람의 아들로 태어나 기술 군인이 되어 건축을 했어. 돔과 첨탑으로 이뤄진 모스크 양식을 완성했지.

아울러 문학 작품도 활발하게 펼쳐졌어요. 슐레이만 1세 자신도 시인이었지요. 슐레이만 1세는 터키 말로, 가끔은 페르시아 말로 시를 썼어요.

부강을 최고로 여기는 사람들이여,
하지만 건강함이 세상에서 최고일세.
권력이라는 것도 끝없는 전쟁일 뿐,
신을 충실히 섬기는 것이야말로
최고의 왕관이라네.
이야말로 모든 것들 중에
최고의 행복이로다!

이와 같은 슐레이만 1세의 시는 지금까지도 여러 편이 남아 전해지고 있어요.

티무르 제국의 탄생과 멸망

용맹한 왕, 티무르
티무르 제국을 세웠으며
영토를 넓히기 위해 애썼다.
문학가, 예술가들을
잘 대우했다고 한다.

14세기 후반, 차가타이한국이 동과 서로 갈라졌어요. 그러자 기다렸다는 듯이 튀르크 계통의 여러 귀족들이 저마다 독립하려고 안간힘을 썼지요. 여러 세력들은 거세게 다투기 시작했어요.

이때, 튀르크 귀족인 티무르라는 사람도 싸움에 끼어들었어요. 티무르는 다른 부족의 우두머리와 힘을 합치기도 하고, 겨루기도 하면서 마침내 사마르칸트(오늘날 우즈베키스탄에 있는 도시, 중앙아시아에서 가장 오래된 도시로 꼽힘) 주변 지역을 혼자 차지했지요. 그러고는 1370년, 나라 안팎을 향해 말했어요.

"나는 칭기즈 칸의 자손이다. 위대한 몽골 제국을 다시 일으킬 것이다!"

그 후 티무르는 쉴 틈 없이 주변 지역을 정복해 나갔어요. 왕위에 오른 이듬해에는 호라즘을 공격했고, 1380년에는 호라즘 남부의 호라산을 손에 넣었지요. 그로부터 6년 뒤에는 이란 동쪽 지역을, 이어 아제르바이잔(이란과 러시아 사이에 있는 나라)과 아르메니아

(터키 동쪽 지역에 있는 나라)까지 차지했어요. 그러고는 다시 이란을 공격해 중심 도시인 이스파한(이란 중부에 있는 옛 도읍)을 정복했지요. 또 러시아 쪽으로 말을 몰아 킵차크한국을 굴복시켰어요.

타무르 제국의 최대 영역

티무르의 군대는 힘이 정말 셌어요. 티무르는 정복 전쟁을 벌인 이후로 단 한 번도 패하지 않았지요. 특히 말을 타고 싸우는 기마병의 전술과 전투력을 당해 낼 군대가 없었어요.

그리고 마침내 티무르는 한참 세력을 확장하던 오스만 제국의 바예지드 1세와 부딪혔어요.

"내 발 아래에 엎드려 항복한다면 그대 목숨만은 살려 주겠소."

티무르는 자신만만하게 바예지드 1세에게 요구했어요. 그러자 바예지드 1세는 가만두지 않겠노라며 군대를 보냈지요.

이윽고 1402년 7월, 티무르와 바예지드 1세는 앙카라(오늘날 터키의 수도, 옛날에는 앙고라로 불림) 부근의 추부크에서 마주쳤어요.

차가타이한국

칭기즈 칸의 둘째 아들 차가타이가 세운 나라야.

호라즘

1077년 오늘날의 우즈베키스탄 지역에 세워져 1231년까지 있던 이슬람 왕국이야.

티무르 왕가의 묘 구르 아미르
'지배자의 묘'란 뜻이다. 티무르와 그 자손까지 3대 왕의 묘가 있다. 티무르가 전쟁을 치르다가 먼저 죽은 손자를 위해 건축했다고 한다.

이때 티무르는 바예지드 1세가 정복한 소아시아 일대의 부족들을 설득해 자신의 편으로 만들었어요. 그 때문에 이들 부족에서 뽑힌 바예지드 1세의 군사들 중 여럿이 이미 티무르 쪽으로 마음이 돌아서 있었어요. 그런 데다가 티무르 군대는 진작 추부크에 도착해 충분한 휴식을 취한 뒤였고, 바예지드 1세의 군대는 허겁지겁 달려와 곧바로 싸움에 나서야 했어요. 뿐만 아니라 티무르 쪽의 주력 병사들은 기마병이었고, 바예지드 1세의 군대는 보병이었어요.

싸움은 처음부터 티무르 쪽에 유리했어요. 전투가 시

작되자, 티무르의 기병들은 앞서 나서는 바예지드 1세의 병사들을 사정없이 짓밟았어요. 소아시아 출신 병사들은 전쟁터에서 빠져나갔어요.

이때 바예지드 1세는 급하게 두 아들 슐레이만과 메메트를 도망치게 했어요. 그리고 티무르에 맞서 싸우다가 자신도 달아나려 했지만, 결국 포위를 당하고 말았어요.

이후 바예지드 1세는 티무르의 포로가 되어 이듬해 세상을 떠나고 말았어요. 그 때문에 오스만 제국은 한동안 위태롭기도 했어요.

티무르 제국

1370년에 세워져 1507년까지 중앙아시아 일대를 다스렸어.

티무르 제국의 영토는 예전의 차가타이한국과 일한국, 그리고 킵차크한국을 넘어섰어요.

그럼에도 티무르는 정복 전쟁을 멈추지 않았어요. 마지막 목표가 남아 있었기 때문이에요. 목표는 바로 명나라였어요.

"내 선조의 나라 원을 멸망시킨 명나라를 싹 쓸어버리겠다!"

1405년, 티무르는 20만의 병사를 이끌고 사마르칸트로 갔어요.

이때 티무르의 나이는 69세였지만 힘이 넘쳤어요. 이 소식을 들은 명나라의 영락제는 서둘러서 전쟁을 준비했어요.

하지만 전쟁은 일어나지 않았어요. 명나라로 가는 길목에서 티무르가 그만 열병에 걸려 세상을 떠났기 때문이에요.

결국 티무르 제국은 티무르가 죽은 뒤, 번영과 쇠퇴를 되풀이하다가 두 개의 나라로 갈라졌고, 끝내 우즈베크 족의 침입을 받아 멸망하고 말았답니다.

우즈베크 족

오늘날 중앙아시아 우즈베키스탄 지역에 살던 튀르크계 민족이야.

무굴 제국의 탄생

티무르가 죽은 뒤, 티무르 제국은 그의 자손들에 의해 여럿으로 나뉘었어요. 그들은 서로 더 넓은 땅을 차지하기 위해 끊임없이 싸웠지요. 이 싸움은 여러 대를 걸쳐 계속되었어요.

티무르의 5대 후손인 바부르도 그들 중 하나였어요. 바부르는 12세 때 아주 작은 땅을 물려받았는데, 그의 친척들은 소년 바부르의 땅마저 빼앗으려고 전쟁을 일으켰어요. 그러나 바부르는 소년임에도 불구하고 그들과 싸워, 바그다드를 차지했어요. 이런 용맹스러움에 사람들은 그를 '호랑이 바부르'라고 불렀지요.

하지만 바부르는 오래 가지 않아 바그다드를 다시 빼기고 도망을 쳐야 했어요. 그리고 또다시 군대를 모아 싸움을 반복했지요. 하지만 바부르는 끝내 자신의 조상이 차지했던 땅을 되찾는 데는 실패하고 말았어요.

바부르는 하는 수 없이 다른 곳으로 눈을 돌렸어요. 그곳은 바로 인도의 델리였어요.

무굴 제국을 세운 바부르
칭기즈 칸과 티무르의 후손으로 알려져 있다. 무굴 제국의 첫 번째 황제이다.

"지금 인도 델리의 술탄이 나라를 제대로 다스리지 못해 백성들의 원망이 크다고 합니다."

이런 소문을 들은 바부르는 곧바로 인도의 델리로 향했어요. 그리고 델리 왕국의 군대와 파니파트에서 맞부딪쳤어요.

파니파트
델리에서 150킬로미터 정도 떨어진 마을이었어.

이때, 델리의 술탄 아브라힘 로디의 군사는 무려 10만이었고, 천 마리가 넘는 코끼리 부대를 거느리고 있었어요. 그에 비해 바부르의 군사는 고작 1만밖에 안 되었어요. 그래도 바부르는 겁먹지 않았어요. 침착하게 병사들을 지휘했지요.

"수레를 모아 한 곳에 쌓아라!"

병사들은 바부르의 명령에 따라 수레 700개를 모아 소가죽으로 묶어 방어벽을 만들었어요. 그것은 코끼리의 돌격을 막기 위한 전술이었어요. 물론 수레 벽 사이사이에 기병들이 뛰어나갈 수 있도록 길을 터놓는 것도 잊지 않았지요.

결국 싸움은 바부르 쪽으로 기울었어요. 이 전투에서 로디 군은 2만 명 이상이 죽었고, 로디 자신마저 전사하고 말았어요.

바부르는 곧 델리로 군사를 이끌고 가 스스로 술탄의 자리에 올랐어요. 무굴 제국의 문을 연 것이에요. '무굴'은 '몽골'이라는 뜻이었지요.

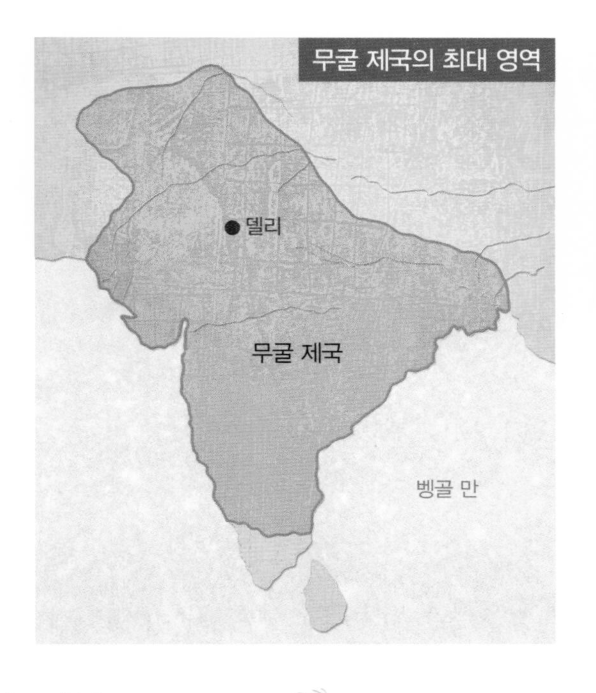

무굴 제국의 최대 영역

오래도록 고생한 끝에 얻은 왕국이었기에 바부르는 착한 술탄이 되려고 애썼어요. 그 자신은 이슬람교도였지만, 힌두교를 믿는 대부분의 델리 백성에게 종교의 자유를 허락했지요. 뿐만 아니라 그들의 아이들이 글을 배울 수 있도록 허락했어요. 그런 덕분에 백성은 바부르를 좋아했어요. 하지만 바부르는 제국을 일으킨 지 3년 만에 세상을 떠나고 말았답니다.

무굴 제국

바부르가 인도에 세운 왕조야. 16세기부터 19세기 중반까지 인도를 다스렸어.

그 뒤를 이어 맏아들 후마윤이 술탄의 자리에 올랐어요. 그런데 안타깝게도 반대파에 의해 궁궐에서 쫓겨나는 수모를 당했어요. 후마윤은 아버지 바부르가 차지한 영토 중 많은 부분을 잃어야 했지요.

다행히 후마윤의 아들 악바르는 아버지가 잃었던 땅을 되찾고 무굴 제국의 전성기를 이끌었어요. 악바르는 인도 남부 지역 일부를 뺀 인도 전체를 무굴 제국의 땅으로 만들었지요. 그리고 할

악바르

무굴 제국의 3대 왕이야. 땅을 정복하고 문화를 번성케 하여 무굴 제국을 튼튼하게 만들었지.

아버지처럼 힌두교도들을 너그럽게 대했어요. 스스로 힌두교도 출신의 공주와 결혼했고, 그들을 관리로 부리기도 했어요. 뿐만 아니라 세금을 내지 않아도 되게끔 해 주었어요. 또 비르발이라 불리는 힌두교도 보좌관을 두어, 일이 있을 때마다 그의 조언에 귀를 기울였지요.

힌두교도들은 악바르를 존경했고, 악바르를 주인공으로 하는 이야기를 지어내기도 했어요.

그토록 인자한 악바르의 뒤를 이은 자항기르와 샤 자한, 아우랑제브의 통치 때까지 무굴 제국은 번영을 누렸어요. 이즈음에는 인도와 이슬람의 색채가 함께 어울린 예술도 크게 발달했어요. 특히 샤 자한이 사랑하는 왕비를 위해 짓도록 명령한 타지마할 묘당은 페르시아 건축과 힌두 건축 양식이 골고루 어우러져 아름다움을 뽐냈지요. 건물 벽을 장식한 뾰족한 아치와 둥근 아치

말에서 내리지 않는 티무르

티무르는 정복한 지역을 계속 지배하기 위해 이렇다 할 조치를 취하지 않았어요. 지배자를 자신의 세력으로 교체한다거나, 감시관을 남겨 두는 법도 없었지요. 티무르는 정복지의 물건을 빼앗고 되돌아가곤 했는데, 머뭇거리다가는 다른 방향에서 적이 쳐들어올 수도 있었기 때문이에요. 그 때문에 그가 정복한 지역에서는 금방 옛 세력이 다시 일어났고, 지배가 오래가지 못했답니다.

무굴 제국의 대표 건축물 타지마할
황제 샤 자한이 왕비 뭄타즈 마할을 위해 지었다. 페르시아 출신의 건축가가 설계하여 1632년부터 23년 동안 2만여 명의 일꾼이 일해 세워졌다.

모양의 천장은 페르시아 건축의 특징이었고, 연꽃 문양의 장식물은 힌두 사람들의 문화였답니다.

오스만 제국이 만든 시장, 바자르

1461년 술탄 메메트 2세는 콘스탄티노폴리스를 이스탄불이라 바꿔 부르게 했어요. 그리고 거리에 큰 시장을 만들기도 했지요. 세계 여러 나라의 선박이 이스탄불로 몰려들고, 시장에는 수많은 상인들이 찾아왔어요.

색색의 신발이 진열된 신발 가게 거리는 매우 화려했어요. 오스만 제국에서는 믿는 종교에 따라 다른 색 신을 신었기 때문이에요. 무슬림은 노란색, 그리스 정교회는 파란색, 유대인은 검은색 신을 신도록 했지요.

지붕으로 덮여 있기 때문에
비가 오나 눈이 오나
물건을 사고팔 수 있어요.
이런 이슬람 지역의 시장을 바자르라고 해요.
'지붕이 있는 시장'이란 뜻이지요. 오스만 제국의 근거지였던
터키 외에도 시리아, 이란 등에 지금도 남아 있지요.
특히 이스탄불의 큰 바자르인 카팔르 차르쉬는 출입문이
20개 정도인데다 60여 개의 거리가 있다고 해요.
도난 사고는 거의 일어나지 않았지만,
1591년 한 번 3만 개의 금화가 도난당했답니다.
사향을 파는 젊은 상인이 범인으로 밝혀졌지요.
시장에는 식당이 없어서 상인들은
도시락을 싸와 먹어야 했어요.
케밥 같은 간단한 요깃거리를 파는
매점은 있었지요.
물건을 사러 온 손님은
편안하게 주인과 마주 앉아
터키 커피를 마시며 흥정을 했어요.

4장 명나라의 흥망성쇠

나는 왕먀오라고 해. 서양 말을 할 줄 알지. 깜짝 놀랐다고? 얼마 전 서양에서 온 예수회 신부님한테 배웠어. 신부님이 자기네 말을 가르쳐 주고 신기한 물건도 보여 주더라고. 나는 우리 마을을 안내해 드리고, 새로운 기술에 대한 이야기를 많이 들었어. 서양의 기술도 아주 발달한 것 같아. 그런 학문들을 미리 배워 두면 크게 쓸모가 있겠지? 정화의 원정대처럼 나도 외국에 가게 될지 모르잖아.

명나라의 탄생

원나라 말, 조정은 왕위를 서로 잇겠다며 싸우느라 백성을 제대로 보살피지 못했어요. 때마침 흉년마저 닥쳐 백성들은 굶주렸어요. 더구나 백성의 대부분인 한족은 몽골 사람들의 멸시를 더는 참기 힘들었어요. 결국 농민들은 이곳저곳에서 반란을 일으켰지요.

이즈음 황각사의 스님이었던 주원장은 반란군 우두머리의 하나였던 곽자홍의 군대에 들어갔어요. 그리고 눈부신 활약을 펼치며 그의 사위가 되었지요.

남경

오늘날 중국의 난징이야.

이어 주원장은 군대를 모아 남경을 점령하고 곽자홍이 죽은 뒤 반란군의 우두머리가 되었어요. 주원장은 남경의 백성들에게 말했어요.

주원장(홍무제)과 그의 부인

주원장은 1328년 가난한 농부의 아들로 태어났다. 17세에 부모님을 여의고 승려가 되었다. 이후 반란군 홍건적에 가담해 원을 몰아내고 명나라 첫 번째 황제가 되었다.

"지금 나라가 어수선하여 곳곳에서 난이 일어났다. 나는 백성들을 위하여 그 난을 다스리고 세상을 바로잡을 것이다. 그러니 백성들이여, 안심하고 하던 일을 계속하라. 관리들은 백성들에게 절대로 나쁜 짓을 하지 말라!"

그리고 마침내 또 다른 반란 세력인 장사성의 군대를 무찌르고, 남경에서 황제에 올랐어요. 그를 홍무제라고 부른답니다.

"나라의 이름을 명이라 정하겠다. 연호는 홍무로 할 것이다!"

연호

왕이 자신이 다스리는 시기의 연도에 붙이는 칭호야.

이제 남은 일은 원나라를 몰아내는 것이었어요. 홍무제는 25만의 군사를 이끌고 북으로 향했어요. 홍무제의 군사는 거칠 것 없이 앞으로 나아갔어요. 가끔 덤비는 사람도 있었으나, 원나라의 관리나 장수들 대부분은 홍무제의 힘에 눌려 도망을 치거나 항복했지요.

마침내 원나라 황제는 궁궐에서 빠져나와 더 북쪽으로 도망쳐 몽골 고원의 카라코룸으로 달아나야 했어요. 홍무제가 대도(북경)를 차지하고 사실상 중국 대륙을 다시 통일한 거예요. 홍무제는 원나라를 몰아내고 가장 먼저 전쟁과 난리에 시달린 백성들을 위로했어요.

"백성들을 쉬게 하고, 세금을 줄여 주도록 하라!"

그러고는 백성들이 원나라 풍속을 따르지 못하게 했어요. 그 다음으로는 행정 기구를 다시 정리했어요. 처음에는 원나라의 것을 그대로 따르다가 모든 조직을 황제가 다스리도록 고쳤지요. 신하들의 권한이 지나치게 커지는 것을 막기 위해서였어요. 모든 권력이 황제에게 집중되도록 한 것이에요.

여기에 더해 홍무제는 아들들과 황족들을 지방으로 보내 왕으로 임명하고 그 지역을 다스리도록 했어요.

한편으로는 나이가 들면서 나라를 세울 때 자신을 도운 신하들을 차례로 없애기 시작했어요. 황제의 자리를 물려받을 황태자의 부담을 줄여 주기 위해서였지요.

그런데 어찌할까요? 홍무 25년(1392년), 황태자가 갑자기 죽고 말았어요. 황실은 크게 술렁거렸어요. 홍무제는 몹시 슬퍼하면서 넷째 왕자인 주체(95쪽)를 새로운 황태자로 앉히려 했어요. 이때 주체는 옛 연나라 지역을 다스리는 지방 관리인 연왕에 임명되어 북쪽 지방에 있었지요.

'주체는 용감무쌍하고 북쪽의 적을 무찌르는 동안에 큰 공을 세우지 않았던가? 그야말로 황제의 뒤를 잇기에 안성맞춤이지!'

연나라

중국은 기원전 8세기부터 기원전 3세기까지 여러 나라로 나뉘어 있었어. 이때를 춘추 전국 시대라고 하지. 연나라는 그중 한 나라였어.

그런데 신하들이 이를 반대했어요.

"폐하! 황태자가 돌아가셨으니, 마땅히 그 아들로 하여금 황제의 자리를 잇게 하는 것이 옳은 일입니다."

결국 홍무제는 주체를 포기하고 황태자의 아들인 주윤문을 황태자로 삼았어요. 그리고 다시 한 번 주변 인물들을 없애 나갔어요. 어린 황태자가 왕위에 오를 경우, 반란을 도모할 만한 세력을 소탕하기 위해서였어요. 이때만 무려 1만 5천 명이 목숨을 잃었지요.

주윤문(건문제)

명나라의 두 번째 황제였어. 16세의 나이에 왕위에 올랐단다.

마침내 주윤문은 홍무제가 세상을 떠나자 새 황제의 자리에 올랐어요. 그가 바로 건문제예요.

건문제가 서둘러 해야 할 일은 중앙 집권 체제를 세우는 것이었어요. 그래서 건문제는 먼저 지방에 나가 있는 황족들의 힘을 약하게 만들기로 했어요. 이때만 해도, 지방의 왕으로 임명된 황족들은 넓은 땅과 군사를 가지고 있어 충분히 황실에 위협이 될 수 있었기 때문이에요.

건문제는 황제가 된 지 3개월 만에 가장 먼저 옛 주나라 지역의 주왕 주수(황후가 낳은 다섯 번째 아들)를 잡아들여 먼 시골로 보냈고, 그 다음에는 또 다른 지역의 왕으로 있던 주부와 주계를 평민으로 만들었어요. 황족들은 불안에 떨었어요.

이때, 연왕 주체는 황제의 칼날이 자신에게 향하고 있다는 걸 알아챘어요. 누구보다 강한 군대가 자신에게 있었기 때문이지요. 결국 연왕은 먼저 선수를 치기로 했어요.

"황제의 곁에 있는 나쁜 무리들이 황제를 맘대로 주무르니, 나는 황실을 바로잡기 위해 일어설 것이다!"

그리고 연왕은 군사를 이끌고 남경을 향해 출발했어요. 연왕은 자신의 군대를, '왕실의 난을 평정하기 위한 군사'라는 뜻에서 '정난군'이라 이름 붙였어요.

황제의 군사와 연왕의 군사는 치열하게 싸움을 벌였어요. 그러나 전투는 차츰 연왕에게 유리하게 펼쳐졌어요. 왜냐하면 군사나 무기는 황제 쪽이 앞섰지만, 그 많은 군사를 잘 이끌 장수가 없었기 때문이에요.

반면에 연왕은 전투 경험이 많았어요. 군대를 차분히 이끌어 남경 가까운 도시들을 차지하고 마침내 남경에 이르렀어요. 몇몇 대신들은 연왕이 승리할 거라 짐작하고 쉽게 성문을 열어 주기도 했어요.

평정

반란을 누르고 평온하게 진정시킨다는 뜻이야.

주체(영락제)
주원장의 넷째 아들로 명나라의 세 번째 황제가 되었다. 황제가 된 이후 명나라 땅을 넓히고 북쪽 유목 민족의 침입을 막았다.

건문제는 연왕의 군사들이 들이닥치자 궁궐에 불을 질렀어요. 그러고는 홀연히 사라졌지요.

“황제의 시신을 찾아라!”

황제의 시신을 어디에서도 찾을 수가 없었어요. 스님으로 꾸미고 궁궐을 빠져나갔다는 소문만 돌았지요.

이후, 연왕은 대신들의 재촉에 못 이기는 척하며 황제의 자리에 올랐어요. 그가 바로 명나라의 황금기를 이끌었던 영락제예요. 영락제는 황제가 된 지 4년 만에 이전 세력이 주도권을 잡고 있던 남경을 벗어나기 위해 수도를 북경으로 옮겼답니다.

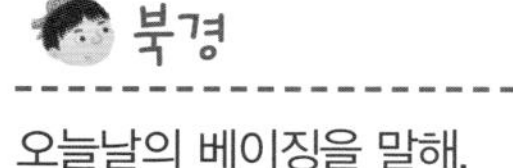

북경

오늘날의 베이징을 말해.

명나라, 남쪽 바다를 누비다

새 나라를 세운 홍무제가 나라 안을 다스리는 데 힘썼다면, 영락제는 나라 밖 외교에 더 힘을 기울였어요.

우선 영락제는 친히 군대를 이끌고 다섯 번이나 몽골로 싸우러 나갔어요. 그럼으로써 북쪽 지방의 국경이 한동안 안정을 찾을 수가 있었어요.

또 만주 지역에서 흩어져 살던 여진족을 공격해 억누르고 일본과 티베트로부터 조공을 받았지요. 뿐만 아니

영락제의 천단 기년전
영락제 때 지은 천단이다. 농사가 잘 되도록 하늘에 제사를 지내는 곳이었다.

라 안남에 정벌군을 보내, 한동안 점령하기도 했어요.

그러나 영락제가 오래도록 정성 들인 일은, 남쪽 바다로 나가는 일이었어요. 영락제는 환관인 정화를 사령관으로 삼아, 무려 일곱 번이나 남쪽 바다로 나가게 했어요.

여기에는 영락제의 깊은 뜻이 숨어 있었어요.

"세계의 중심이 명나라임을 알리고, 다른 나라는 신하의 나라임을 깨닫게 하라!"

이것은 바로 중화주의였어요.

1405년(영락 3년), 정화는 영락제의 명령을 받고 62척의 배에 2만 7천여 명의 선원을 태우고 항해를 시작했

중화주의

중화주의란, 중국이 세상의 중심이며 가장 우월한 국가이니 다른 나라들은 모두 중국을 섬겨야 한다는 뜻이 담긴 말이야.

정화

1371년 윈난 성에서 이슬람교를 믿는 관리의 아들로 태어났어. 윈난 성이 명나라에 정복되자 포로로 끌려가 환관이 되었지.

정화 함대

남쪽 바다를 탐험하는 데 쓰인, 가장 큰 배의 길이는 150미터, 너비는 62미터에 달했어.

어요. 정화는 배를 이끌고 동남아시아와 인도 서해안을 거쳐 페르시아 만(4차 이후)과 아프리카(7차)까지 이르렀지요.

정화는 도착하는 지역마다 거대한 함선으로 힘을 뽐내며 명나라와 무역을 하자고 요구했어요. 대부분의 나라들은 정화 함대의 어마어마한 규모에 놀라거나 정화에게 설득당해 그의 요구를 따랐지요.

이때, 명나라에서 싣고 간 물품은 주로 도자기와 비단이었고, 그것과 바꾸어 온 외국 물품은 후추와 진주, 산호, 그리고 사자와 표범, 타조 같은 동물들이었어요.

정화의 함대는 다른 나라와 싸움을 벌인 적도 있었지만, 대체로 평화롭게 바다를 항해했어요. 공정하게 거래를 한 편이라 인기도 많았지요. 각각의 나라에서는 좋은 관계를 계속 갖기 위해 국왕이나 왕자, 혹은 왕족들이 정화 함대의 배를 타고 명나라를 찾아오기도 했어요.

특히 6차 대항해 때에는 무려 1천 200명이 넘는 외국 사절단과 상인들이 남경까지 와서 활발하게 교역을 하기도 했답니다.

뿐만 아니라 일곱 번이나 이어진 남해 원정 덕분에 해외 곳곳에는 화교들이 늘어나게 되었지요.

그런데 영락제에게 남쪽 바다 탐험은 또 다른 목적이 있었어요. 다름 아닌 건문제를 찾는 것이었어요. 영락제는 궁궐이 불탔음에도 흔적도 없이 사라진 건문제가 어딘가에 살아 있을지 모른다고 생각했지요.

'누군가 건문제를 다시 황제로 세우고 싸움을 걸어온다면?'

사절단

한 나라를 대표해서 외국에 가는 무리를 말해.

화교

자신의 나라를 떠나 다른 나라에 정착해 사는 중국 사람을 말해.

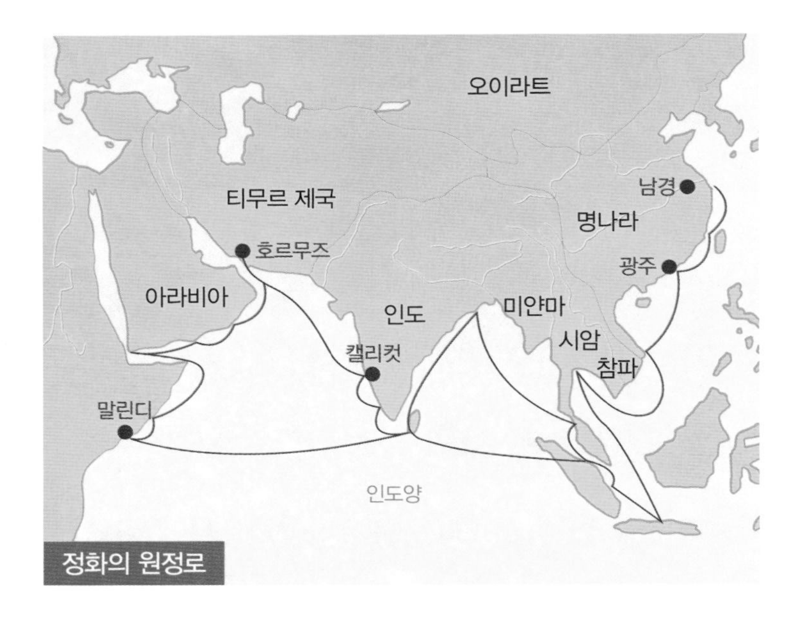

정화의 원정로

영락제는 정화에게 가는 곳마다 건문제를 찾아보게 했어요. 하지만 건문제는 나타나지 않았답니다.

한편 상업을 하던 백성들은 정화의 남쪽 바다 탐험 때문에 힘들어졌어요. 명나라 조정에서 개인의 무역 활동을 막았기 때문이에요. 오로지 정부만이 외국과 교역을 했지요. 명나라가 농업을 중시하고 상업을 억제하는 정책을 펼치고 있었기 때문이기도 했어요.

하지만 명나라의 상업은 다양한 형태로 발달했어요. 수공업에서 대량 생산이 이루어지기도 했지요. 돈이 많은 부자들이 옷감 짜는 기계를 수십 대씩 사들이고 수백 명의 직원을 고용하여 옷감을 대량으로 찍어 낸 경우도 있었어요.

고용

돈을 주고 사람에게 일을 시키는 걸 말해.

또한 '회관'이나 '공소'라 불리는 동업 조합도 생겨났어요. 그리고 은을 화폐로 사용하면서 경제가 더욱 발달했답니다.

명나라를 괴롭힌 안팎의 적

영락제 이후, 명나라를 크게 뒤흔드는 것이 나타났어요. 뭐든 제멋대로 하는 환관과 북쪽의 몽골 족, 그리고 남쪽의 왜구였지요. 이들은 명나라의 힘을 약하게 한 가장 큰 원인이었어요.

일본의 해적을 말해. 13세기부터 16세기까지 우리나라와 중국 해안에 쳐들어와 사람을 죽이고 물건을 빼앗았지.

영락제는 신하들보다 환관을 더 가까이했어요. 조카에게서 황제의 자리를 빼앗은 자신에게 신하들이 복종하지 않을까 봐 두려웠기 때문이에요. 바로 이 때문에 환관의 지위와 힘이 점점 커지기 시작했어요. 특히 정통제(102쪽, 6대 황제) 때 이르러 그 나쁜 점이 심각하게 드러났지요.

정통제는 고작 9세 때 황제의 자리에 올랐어요. 그런 탓에 황제의 할머니였던 태황태후가 정통제를 돕는 수밖에 없었지요. 하지만 태황태후는 '여자가 정치에 참여해서는 안 된다'며 정치에 나서지 않았어요. 그 대신 조정의 능력 있는 대신들에게 도움을 청했어요. 양영, 양사기, 양부였어요.

하지만 이들은 이미 70세가 넘어서, 정통제는 젊은 대신이 필요하다고 생각했어요. 그래서 황태자 시절 자신을 가르친 환관 왕진을 데려왔어요.

정통제(왼쪽)
명 제6대 황제이다.
정치보다 놀고 즐기기를
좋아했다고 전해진다.

가정제(오른쪽)
명 제11대 황제이다. 도교에
빠져 정치에 소홀하기도 했다.

"왕 선생, 내가 바른 정치를 펼칠 수 있도록 도와주십시오."

그런데 얼마 후 세 명의 대신들이 모두 세상을 떠나자 왕진은 제멋대로 굴기 시작했어요. 왕이 허락하지도 않은 일을 함부로 하는가 하면, 그런 자신을 비판하는 관리를 죽이기도 했지요.

그러던 1449년, 몽골 고원 서쪽의 오이라트가 큰 군대를 이끌고 북쪽 지방의 국경을 침범해 왔어요. 그러더니 여러 지역을 막던 장수들을 죽이고 마을의 물건을 빼앗고 부쉈어요. 이에 조정에서는 토벌군을 보내야 한다고 수선을 피웠지요.

몽골 서쪽 지방에 있던 몽골계 부족이야.

그런데 이때, 왕진이 나서서 정통제가 직접 군사를 이끌고 나가야 한다고 주장했어요. 몇몇 대신들은 반대했지만, 정통제는 50만 대군을 이끌고 북쪽으로 싸우러 나갔어요.

그러나 군사나 싸움에 대해 잘 모르는 왕진은 황제를 앞세워 무턱대고 앞으로 나가기만 했어요. 왕진은 50만 대군이라는 숫자만 믿고 있었던 거예요. 결국 명나라 군사들은 숨어 있던 오이라트군에게 모두 죽거나 잡히고 말았어요. 정통제도 붙잡혀 포로가 되었고요. 토목성에서 일어난 이 사건은 '토목의 변'이라고 불린답니다.

토목성

북경의 북서쪽에 있던 곳이란다.

가정제(11대 황제) 때 다시 한 번 북쪽의 오랑캐가 크게 일어났어요. 이번에는 몽골 고원 동쪽에 있던 달단부의 세력이었어요. 이들은 이전의 오이라트 부족을 누르고 몽골 고원 전체를 통일했어요. 그러고 나서 명나라 국경을 넘어왔지요.

이후부터 달단부의 공격은 해마다 계속되었고, 마침내 1550년에는 이 당시의 수도인 북경 성을 포위하기에 이르렀어요. 물론 전국 각지에서 명나라 지원군이 달려온 덕분에 달단부 군사들이 물러갔지만, 자칫 왕조가 크게 흔들릴 뻔한 사건이었지요.

그런가 하면, 남쪽에서는 왜구가 들끓었어요. 이들은 잔인하기 이를 데 없었어요. 한때는 절강성과 강소

왜구의 침략

성 등을 80여 일이나 휩쓸고 다니면서 무려 4천 명 이상을 처참하게 죽였어요. 아이며 임산부까지 죽였으며, 물건을 빼앗고 불 지르기를 일삼았지요.

이처럼 북쪽의 오랑캐, 남쪽의 왜구를 '북로남왜'라 불렀고, 이들은 가정제 말엽에야 잦아들었답니다.

하지만 이들의 침략으로 나라의 재정은 바닥이 났고, 정치는 엉망이 되기 시작했어요. 그런 데다가 명나라와 우호 관계를 맺고 있는 조선에 일본이 침략하는 사건이 벌어졌어요.

조선에서는 여러 차례 사신을 보내 도와달라고 요청

했어요. 명나라는 20만이나 되는 지원군을 보내 일본군과 싸워야 했지요. 그런데 이 틈을 타서 여진족이 똘똘 뭉쳐 '후금'이라는 나라까지 세우고 명나라 쪽으로 손을 뻗었어요. 명나라는 또다시 막대한 군사비를 써야 했어요. 조정에서는 더욱 더 무거운 세금을 백성들에게 매겼고, 백성들은 더욱 힘들어졌어요.

한편으로는 환관의 횡포가 너무 심해지자 이를 막으려는 관료들이 등장해 다투기도 했어요. 그렇게 싸우는 동안 백성들은 더욱 더 살기가 어려워졌어요.

결국 농민들은 반란을 일으켰어요. 심지어 이 반란에는 몇몇 군인들까지 힘을 합쳤지요. 그러면서 점차 세력이 커졌어요. 특히 여러 농민 반란 세력 중 이자성의 농민군이 눈에 띄었어요. 이자성은 북경까지 힘을 넓히며 스스로 왕이라 부르기도 했어요. 그러고는 1644년, 북경을 차지했어요. 이때 숭정제(명나라 마지막 황제)는 궁궐을 빠져나와 황녀를 죽인 뒤, 스스로 목숨을 끊었지요.

명나라 말기에 농민 반란을 이끈 지도자야. 명을 멸망시켰지.

물론 명나라의 일부 지배 세력은 후금(청나라)의 도움을 받아 이자성의 군대를 공격해 반란을 잠재울 수 있었어요. 하지만 이미 명나라는 더 이상 일어설 수 없는 상태가 되고 말았답니다.

명나라의 문화

처방

병을 치료하기 위해 약을 짓는 방법을 말해.

어의

왕을 돌보는 의원이었어.

호북성의 와초패라는 마을에 이언문이라는 사람이 살고 있었어요. 이언문은 지역에서는 꽤나 알려진 의원이었어요.

이언문에게는 아주 약한 아들이 있었는데, 아들을 자상하게 보살피고 치료한 덕분에 가까스로 목숨을 살릴 수 있었어요. 아들의 이름은 이시진이었지요.

이시진은 어떤 어려운 일이 닥쳐도 참고 견디며 훌륭한 의원이 되겠다고 마음먹었어요. 그런데 의학 책을 보다가 잘못된 부분이 꽤 많다는 사실을 알게 되었어요. 이서진은 잘못된 의학 책부터 바로잡아야겠다고 결심했지요. 그러기 위해서는 직접 경험하고 연구를 거듭해야 한다고 생각했어요.

그래서 이시진은 환자가 생겨 진찰을 갈 때도 항상 약 상자와 함께 호미를 들고 갔어요. 눈에 띄는 약초를 그때그때 모아 시험하기 위해서였지요. 그리고 의학 책의 잘못된 부분을 찾아내 고치기 시작했어요.

마침내 이시진은 환자를 치료하기에 딱 맞는 약초를 처방할 수 있었고, 그 덕분에 '명의'로 소문이 나기 시작했어요. 이시진의 솜씨가 황제의 귀에까지 들어가 잠깐 동안 황제를 돌보기도 했답니다.

그러나 이시진은 황제를 돌보는 일보다 정확한 의학 책을 만드는 일이 더 중요하다고 생각했어요.

그래서 어의를 그만 두고 다시 산속을 다니며 약초를 모으고 의학 책에서 잘못된 부분들을 고쳐 나갔어요.

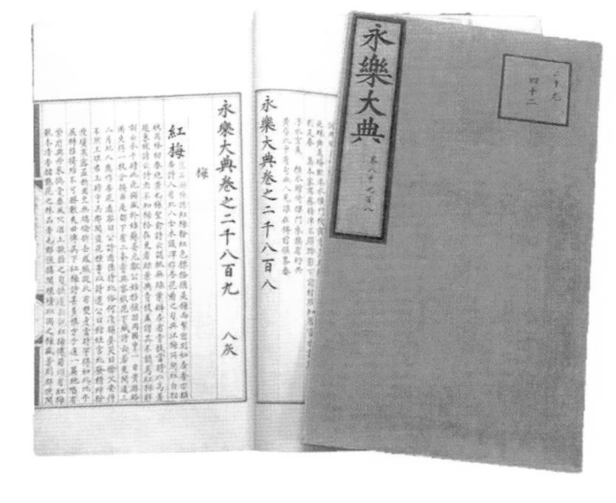

永樂大典

永樂大典卷之二千八百九

紅梅

永樂大典卷之二千八百八

그리고 자신이 바로잡은 내용들을 바탕으로 새로운 의학 책을 만들었지요. 바로 《본초강목》이었어요. 이 책은 '동양 의학의 최고 고전'으로 꼽혔고, 이웃 조선과 일본에도 전해졌어요. 뿐만 아니라 훗날 라틴 말과 프랑스 말, 독일 말로도 번역되었답니다.

본초강목의 식물(위)
1800년대 복사본에 그려져 있다.

영락대전(아래)
중국 최대의 백과사전이다. 본문은 무려 2만 2877권, 목록만 60권에 달한다.

명나라 시대에 주목할 만한 책이 또 있어요. 《영락대전》과 《천공개물》이에요.

《영락대전》은 명나라의 백과사전이었어요.

세계에서 제일 큰 궁전 자금성
영락제가 지시하여 북경에 지은 궁전 단지로 한 마을 정도의 크기이다. 그 안에 여러 건물과 수천 개의 방이 있다. 그 정문이 바로 천안문이다.

"지금까지 조상들이 남긴 책을 모아 종류대로 나누어 학자들이 공부할 수 있도록 하라!"

그러한 영락제의 명에 따라 처음에는 149명의 학자가 달려들어서 《문헌대성》이라는 이름의 책을 만들었어요.

하지만 영락제는 이 책을 직접 살펴본 뒤, 단점을 고쳐서 다시 책을 만들게 했어요. 이때는 무려 2,169명의 학자가 책을 내는 일에 참여했지요. 그리고 이름을 《영락대전》이라고 바꾸었답니다.

《영락대전》에는 유교 사상이 담긴 경서는 물론이고

경서

《논어》, 《맹자》, 《중용》처럼 유교 사상이 담긴 책이야.

역사서와 시집, 의학과 천문학에 이르기까지의 모든 내용이 다 담겨 있었어요.

중국 최대의 백과사전을 남긴 영락제는 세계에서 제일 큰 궁전 자금성을 짓기도 했지요.

《천공개물》은 명 말기에 실용적인 학문이 필요해서 만든 책이에요. 아주 여러 분야의 기술을 안내하고 있지요. 곡물을 거두는 일, 누에 치는 일, 실을 뽑아 천을 짜는 일은 물론이고, 옷감에 물을 들이고, 벽돌과 도자기, 종이, 무기와 화약 만드는 법 등이 자세히 나와 있어요. 여기에 설명을 돕는 123장의 삽화까지 들어 있답니다.

하지만 더 발달한 과학과 기술은 명나라를 찾아온 서양 선교사들이 전해 주었어요. 이즈음 유럽의 여러 나라들은 향신료를 얻기 위해, 그리고 기독교를 전파하기 위해 아시아로 몰려왔어요.

이들은 선교를 위해 우선 서양의 과학 기술을 전해 주며 지배층의 마음을 샀어요. 특히 세계 지도와 무기, 천문학 등에 대해 알려 주었지요.

그중 선교사들이 만든 대포가 청나라와의 전쟁 때 큰 활약을 펼치자 명나라 조정에서는 그 대포에 '정국대장군'이라는 이름까지 붙여 주었어요. 그런가 하면 명나라 황후는 선교사에게 이런 부탁을 하기도 했어요.

"교황께 우리 명나라가 되살아나도록 기도를 해 달라고 전해 주세요!"

이들 선교사 중 특히 예수회 선교사 마테오 리치와 아담 샬이 널리 이름을 떨쳤어요. 특히 마테오 리치가

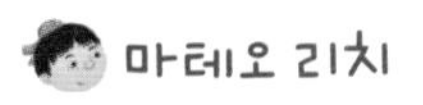

중국에 천주교를 처음 전한 이탈리아의 예수회 선교사야. 유럽의 학술서들을 중국어로 번역하여 중국 사람들의 호감을 샀어. 《천주실의》 등을 지었지.

자금성에는 아무나 못 들어와!

영락제는 황제의 권위를 세우기 위해 무려 13년에 걸쳐 수십만 명의 사람을 동원해 새로운 도읍지인 북경에 어마어마하게 큰 궁궐을 지었어요. 하지만 세계에서 제일 크다는 자금성에는 나무가 거의 없어요. 그뿐인가요? 궁궐 바닥을 모두 돌로 촘촘히 깔아 놓았어요. 바로 암살자를 막기 위해서였지요. 바닥을 파고 올라오거나 숨을 곳을 아예 만들지 않은 거예요. 황제의 허락 없이는 아무도 들어오지 못하도록 자금성 궁전 단지 주변에는 폭 50미터의 물길도 팠어요. 그리고 무려 10미터 높이의 담으로 둘렀지요. 이러한 안전한 궁궐의 구조를 명나라뿐 아니라 청나라 왕조에서도 좋아했는지 자금성은 청나라 때도 궁궐로 사용되었답니다.

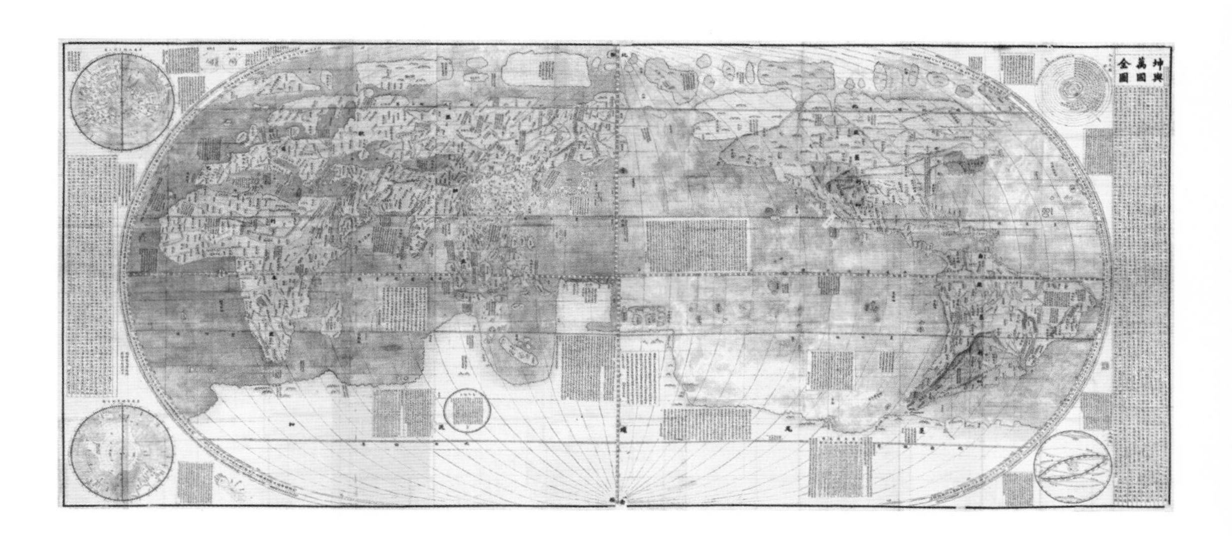

그린 세계 지도 〈곤여만국전도〉는 명나라 사람들을 깜짝 놀라게 했어요. 중국이 세계의 중심이 아니었기 때문이지요.

곤여만국전도 채색본
아프리카, 아메리카, 유럽, 아시아, 남극 대륙은 물론 대서양, 태평양 등 바다까지 표시된 근대적 지도이다.

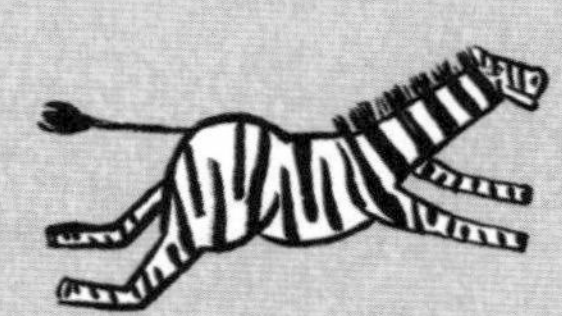

정화 함대의 꿈

첫 번째 정화 원정대는 무려 62척의 함선과 2만 7천여 명의 병사들로 이루어졌어요. 정화 원정대의 가장 큰 배는 오늘날로 치면 1천 500톤 정도의 규모였지요. 콜럼버스가 탔던 산타마리아 호가 약 150톤 규모였다고 하니, 함선이 얼마나 컸는지 짐작할 수 있겠지요? 정화 원정대는 이후에도 총 6차례 원정을 떠났다고 해요.

5차 원정

아프리카까지 갔어요. 이때 황제에게 바칠 기린, 사자, 표범, 얼룩말 같은 진귀한 동물들을 가져왔어요.

북경
조선
일본
명나라
남경
1차 원정
시암(태국), 참파(베트남) 등
동남아시아 나라 왕에게
영락제의 편지와 선물을 전달했어요.
2차 원정
실론 섬에 비석을
세운 것으로 추정돼요.
캘리컷
시암
참파
실론 섬
말라카
마자파히트 왕국
수마트라 섬
4차 원정
아라비아 해까지 진출했다가 귀국길에
수마트라 왕의 요청으로 반역자를
토벌해 주었어요.

5장 조선 건국과 일본의 혼란기

나는 아리타에 사는 히로 마다라고 해. 얼마 전 조선에 쳐들어갔다 온 일본 병사들이 조선의 도자기 기술자들을 데려왔어. 그릇을 우리보다 잘 빚더라고. 수천 도의 온도로 도자기를 구워서 다른 도자기보다 훨씬 아름답고 튼튼해. 나도 조선의 도공들에게서 그 기술을 배우기로 했어. 첨단 기술을 내가 놓칠 순 없잖아?

조선의 탄생

철령

오늘날 북한의 함경남도에 있는 지역이야.

정벌

적을 무력으로 무너뜨리는 일을 말해.

1388년, 명나라가 고려에게 철령 위의 북쪽 땅을 내놓으라며 억지를 부렸어요. 하지만 고려의 우왕은 명나라의 터무니없는 요구를 들어주고 싶은 마음이 조금도 없었어요.

"감히 고려의 땅을 내어놓으라니 괘씸하구나. 명나라가 쳐들어오기 전에 우리가 먼저 요동 땅을 정벌해야겠다!"

우왕은 이성계에게 요동 땅을 공격하라고 명령했어요. 홍건적과 왜구를 물리쳤던 최영(118쪽)도 우왕과 뜻이 같았어요. 하지만 이성계의 생각은 달랐어요.

"고려가 명나라를 공격하기는 어렵습니다. 작은 나라가 어찌 큰 나라를 칠 수 있겠습니까. 그리고 이 무더운 여름에 많은 군사들이 움직이는 것은 어렵습니다. 게다가 비가 많이 내린 통에 병사들이 병이 나 제대로 싸울 수도 없습니다! 또한 요동을 공격하는 동안 왜구가 고려를 노릴 게 분명합니다."

하지만 우왕은 이성계의 말을 받아들이지 않았고, 이성계는 군대를 이끌고 압록강으로 향해야 했어요.

압록강 어귀의 위화도에 도착한 이성계는 고민했어요. 아니나 다를까 때마침 장마가 덮쳐 강물이 크게 불어나 있었거든요. 더구나 전염병으로 쓰러지는 병사들도 많았어요.

"이대로 압록강을 건너간다면 아무리 해도 고려가 이길 수 없습니다!"

고려 무신 최영
고려 후기에 왜구와 홍건적을 무찌르는 등 크게 활약했다.

이성계는 다시 한 번 우왕에게 명나라와 싸우는 것이 어렵다고 알렸어요. 하지만 우왕은 뜻을 쉽게 꺾지 않았어요.

"고려가 지는 싸움을 할 수는 없소! 차라리 군사를 돌려 요동을 정벌하라는 왕과 대신들을 모조리 몰아냅시다!"

마침내 이성계는 위화도에서 군사를 돌렸어요. 요동 정벌에 불만을 품고 있던 장수들도 이성계의 뜻을 따랐지요. 이 사건이 바로 '위화도 회군'이에요.

소식을 들은 우왕은 부랴부랴 군사를 모았어요. 하지만 개경에 남아 있던 군사들은 이성계가 이끄는 군대를 상대하기에는 턱없이 모자랐어요. 아무리 용감한 최영이라고 해도 이성계의 군대를 이길 수가 없었지요.

이성계는 단숨에 개경으로 밀어닥쳤어요. 그리고 고려의 개혁을 바라고 있던 신진 사대부들의 도움으로 어렵지 않게 고려를 손에 넣을 수 있었어요.

신진 사대부

고려 말기 성리학을 공부하고 과거 시험을 치러 벼슬자리에 오른 사람들을 말해. 나라를 바로잡고자 애썼지.

신진 사대부들은 과거 시험으로 벼슬길에 오른 사람들이었어요. 그동안 권력과 재물을 움켜쥐고 나랏일을 마음대로 휘젓던 귀족 가문에게 불만이 컸지요.

이성계는 곧 우왕을 내쫓고 최영을 멀리 귀양 보냈어요. 최영은 유배지에서 처형을 당하고 말았어요.

이렇게 권력을 쥔 이성계는 아홉 살의 창왕을 왕위에 앉혔어요. 하지만 쫓겨난 우왕이 몰래 군사를 일으키려 하자 창왕마저 쫓아 버렸어요. 그리고 얼마 뒤, 고려의 마지막 왕인 공양왕마저 몰아내고 스스로 왕위에 앉았어요.

이성계는 마침내 1392년 새 나라를 세우고 1393년 나라 이름을 조선이라고 정했어요. 이성계가 바로 조선을 세운 1대 왕 태조예요.

태조는 곧 1394년 무학대사의 도움을 받아 한양(120쪽)에 새 도읍을 정했어요. 그곳에 궁궐을 짓고 도읍을

1327년 경남 합천에서 태어나 18세에 승려가 되었지. 이성계가 나라를 세우고 안정시키는 데 도움을 주었어.

태조가 지었던 궁궐 경복궁

1395년 '큰 복을 누리라'는 뜻을 품은 경복궁이 지어졌다. 그러나 1592년 임진왜란 때 모두 불탔고 흥선대원군이 오늘날의 모습으로 복원하였다.

옮겼지요. 그리고 고려 때 불교가 변하여 나쁜 점이 많아지자 이를 억누르고 대신 성리학을 근본으로 나라를 다스리겠다고 내세웠어요. 또한 나라의 중심 산업을 농업으로 하기로 했지요. 그리고 큰 나라(명나라)를 섬기겠다고 다짐했어요.

아울러 태조는 《경제육전》이라는 법전(법이 담긴 책)을 내서 법으로 나라를 다스리겠다고 알렸지요.

이처럼 나라의 기틀을 잡아 가던 조선에 이방원(훗날 3대 임금 태종)이 왕위에 오르면서 피바람이 불고 말았어요.

이방원은 이성계의 첫 번째 부인이 낳은 다섯째 아들이었어요. 이성계를 도와 조선을 일으키는 데 큰 공을 세운 이방원에게는 야심이 있었어요. 아버지의 뒤를 이어 조선의 왕이 되겠다는 것이었어요.

그런데 이성계가 두 번째 부인이 낳은 막내아들 방석을 세자로 삼자, 이방원은 몹시 화가 났어요.

"그동안 내가 세운 공이 얼마인데 어찌 이러실 수 있단 말인가!"

불만이 가득했던 이방원은 군사를 모아 궁궐을 포위

600년 도읍 한양
한반도의 가운데에 있으며
비옥한 땅을 가로질러
한강이 흐른다. 삼국 시대부터
이 지역을 차지하는 나라가
강국이 될 정도로
한양은 중요했다.

– 김정호가 그린 한양 지도
〈수선전도〉

했어요. 그리고 방석과 그를 따르던 무리들을 모조리 휩쓸어 버렸어요. 이것이 '제1차 왕자의 난'이에요.

왕자의 난을 일으킨 이방원은 겁 많던 둘째 형 방과(정종)를 세자로 올렸어요. 이 일로 이성계는 크게 슬퍼했어요.

"형제끼리 서로 칼을 휘두르다니. 차마 눈을 뜨고 볼 수가 없구나!"

왕위를 놓고 서로 다투는 꼴을 보고 싶지 않았던 이성계는 궁궐을 나와 함흥으로 떠나 버렸어요.

조선을 건국한 태조 이성계
1335년 함흥에서 태어나 고려의 무장이 되었다. 최영과 함께 외적을 무찔렀으며 1392년 새로운 나라 조선을 열고 왕이 되었다.

"다시는 한양으로 돌아오지 않을 테다!"

이 무렵, 이방원의 형이었던 방간은 이방원을 매우 못마땅하게 생각하고 있었어요. 방간도 왕이 되겠다는 욕심을 품고 있었거든요. 이방원만 사라진다면 정종을 몰아내고 쉽게 왕이 될 수 있을 것 같았어요.

"내가 먼저 공격해서 방원을 없애 버리고 말겠다!"

방간은 군사를 모아 이방원을 공격했어요. 하지만 이방원은 호락호락한 상대가 아니었어요.

"형님께서 제 목숨을 노리시다니, 하늘이 두렵지 않습니까!"

"시끄럽다! 네 마음대로 왕을 세우다니 용서하지 않겠다!"

이방원과 방간의 싸움은 아주 치열했지만, 이방원의 승리로 끝이 났어요. 이방원은 방간을 붙잡아 멀리 귀양을 보내고 그를 따르던 무리들을 모두 죽였어요. '제2차 왕자의 난'이었지요.

이렇게 피비린내 나는 두 번의 싸움으로 이방원은 마침내 왕위에 오를 수 있었어요. 이방원이 바로 태종이지요.

그러나 이성계는 형제들의 피를 뿌리고 왕이 된 이방원을 몹시 미워했어요.

"내가 임금이 되었다는 것을 알려 드리고 용서를 구해야지."

이방원은 함흥으로 떠난 이성계를 한양으로 모셔 오기 위해 차사를 보냈어요. 하지만 마음이 풀리지 않았던 이성계는 차사들이 올 때마다 활을 쏘아 죽이거나 가두어 버렸다고 전해져요. 그 때문에 아무도 살아서 돌아올 수가 없었다는 거예요.

이때부터 떠난 사람이 아무 소식이 없을 때 '함흥차사'라는 말을 쓰게 되었다고 하지요. 한 번 가면 영영 돌아올 줄 모른다는 뜻이랍니다.

임금이 내린 중요한 임무를 수행하기 위해 길을 떠나던 벼슬아치야.

한글 창제와 과학의 발전

조선의 네 번째 임금 세종은 우리글이 없다는 걸 늘 안타까워했어요. 우리말과 다른 어려운 한자를 쓰다 보니 많은 백성들이 글을 쓰고 읽을 수가 없었지요. 누구보다 공부를 열심히 했던 세종은 백성들의 이런 불편함을 잘 알고 있었어요.

"백성들이 쉽게 읽고 쓸 수 있는 글자가 있다면 얼마나 좋을까."

매일 밤 깊게 고민하던 세종은 우리만의 글자를 만들기로 결심했어요. 세종은 집현전의 학자들을 불러 모았

집현전

조선 때 만들어진 학문 연구 기관이야.

다재다능한 왕 세종

태종 이방원의 아들로 학문에 뛰어났으며, 음악에도 관심이 많았다. 그래서 훈민정음을 만들었을 뿐 아니라 궁중 음악을 정리하게 하고 악기를 만들게 했다. 스스로 곡을 만들기도 했다.

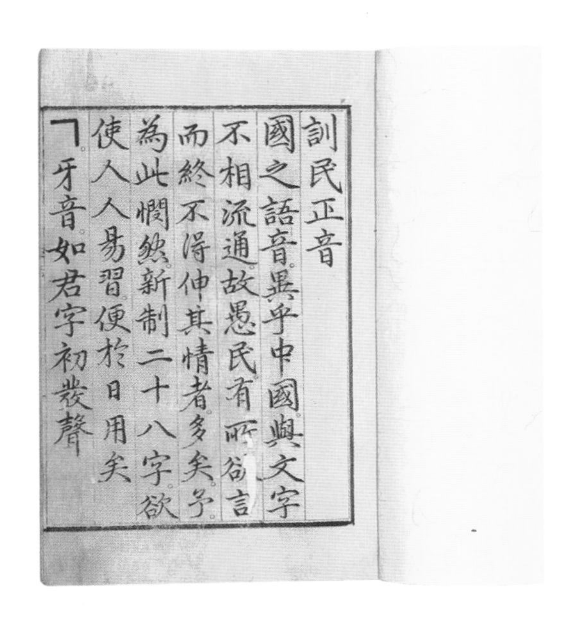
訓民正音
國之語音異乎中國與文字
不相流通故愚民有所欲言
而終不得伸其情者多矣予
為此憫然新制二十八字欲
使人人易習便於日用矣
ㄱ牙音如君字初發聲

훈민정음 해례본
훈민정음의 원리를
설명한 책이다.
국보 제70호이며 유네스코
세계기록유산으로
지정되어 있다.

어요. 집현전은 나라 안에서 가장 뛰어난 학자들을 모아 학문을 연구하도록 만든 곳이었어요.

"백성들을 위해 누구나 쉽게 쓸 수 있는 글자를 만들려 하오. 그대들이 나를 도와주오."

세종의 깊은 뜻을 알아차린 몇몇 학자들은 누구보다 열심히 글자 연구에 매달렸어요. 세종도 학자들과 함께 연구를 하여 마침내, 우리 글자의 기본이 되는 닿소리 17자와 홀소리 11자를 만들어 냈어요.

1443년, 세종은 이렇게 만든 글자를 훈민정음이라고 불렀어요. '백성을 가르치는 올바른 소리'라는 의미였지요.

'닿소리'는 자음을, '홀소리'는 모음을 말해.

하지만 백성들에게 훈민정음을 쓰게 하는 일은 쉽지 않았어요. 무엇보다 중국의 한자를 사용해 온 신하들의 반대가 아주 심했어요. 심지어 어떤 신하들은 세종이 만든 훈민정음을 언문이라 낮춰 부르며 깎아내리려 했어요. 그래도 세종은 백성들을 위해 우리만의 글자가 필요하다는 뜻을 굽히지 않았어요.

점잖지 못하고 상스러운 글이란 뜻이야.

1446년, 세종은 온 나라에 훈민정음을 널리 퍼뜨려

알렸어요. 드디어 우리만의 글자가 세상에 나오는 순간이었어요.

"중국의 한자가 어려워 백성들이 자신의 뜻을 담아 쉽게 전할 수가 없었노라. 내가 이를 딱히 여겨 새로 스물여덟 자를 만들었으니 누구라도 쉽게 익혀 사용할 수 있을 것이다."

세종의 말처럼 훈민정음은 누구라도 쉽게 배울 수 있는 글자였어요. 세종은 백성들이 훈민정음을 더욱 쉽게 익힐 수 있도록 많은 책들을 우리말로 펴냈어요.

"우리말을 적는 글자라니 참으로 신기하구나! 배우기도 쉽고 쓰기도 쉬우니 정말 좋은 글이야."

새로운 글자를 어렵게 생각하던 백성들도 곧 훈민정음이 쉬운 글이라는 걸 알고 기뻐했어요. 그동안 글을 몰랐던 많은 여자들과 낮은 계급의 백성들도 쉽게 글을 적어 소식을 전하거나 뜻을 알릴 수 있게 되었지요.

세종은 과학 기술에도 힘을 기울였어요. 어느 날, 세종은 손재주가 뛰어나고 지혜로운 사람이 있다는 말을 듣고 궁궐로 불렀어요. 그는 바로 장영실이었어요.

기생의 아들로 태어나 부산에서 노비로 자랐어. 하지만 솜씨가 뛰어나 세종에게 부름을 받았단다.

장영실의 솜씨는 소문보다 더 훌륭했어요. 쇠를 다루고, 농기구를 만들고, 돌을 만지는 일에 그 어느 누구보다 뛰어났던 거예요.

앙부일구(해시계)
솥 모양의 해시계라는 뜻이다. 그림자 길이에 따라 시간과 절기를 알 수 있게 만들었다.

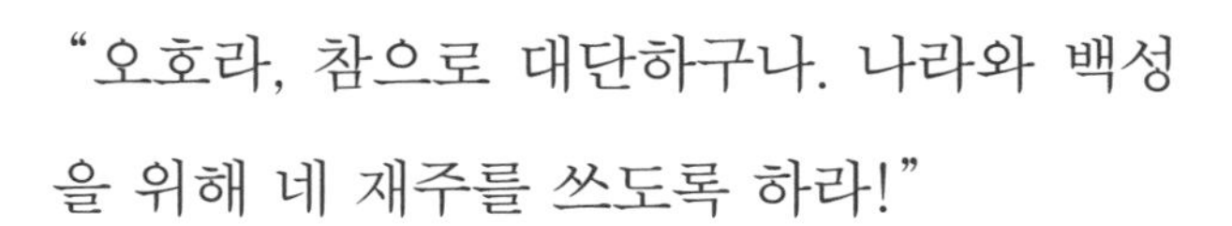

"오호라, 참으로 대단하구나. 나라와 백성을 위해 네 재주를 쓰도록 하라!"

세종은 크게 기뻐하면서 장영실에게 벼슬을 내렸어요. 그러자 신하들이 그는 노비라며 앞다투어 반대했어요.

그러나 세종의 생각은 달랐어요.

"노비도 이 나라의 백성이다. 그 재주가 백성들에게 보탬이 된다면 벼슬을 내리는 것이 무슨 잘못인가. 그대들은 내 뜻을 막지 말라!"

이렇게 노비에서 관리가 된 장영실은 세종을 도와 조선의 과학 발전에 큰 역할을 해냈어요.

"백성들이 농사를 잘 지어야 살림이 나아지고 나라도 평안해지느니라. 농사에 보탬이 되는 기계들을 만들어 백성의 어려움을 덜어 줄 수 있겠느냐?"

세종의 마음을 잘 알고 있던 장영실은 밤낮없이 연구에 몰두했어요.

측우기
장영실은 세계 최초로 강수량을 측정할 수 있는 우량기를 발명했다. 원통 안에 빗물이 고이면 자를 통해 강수량을 측정했다.

"하늘을 잘 살필 수 있다면 농사짓는 데 큰 도움이 된다. 그런 천문 기구를 만들어야 해!"

장영실은 별의 움직임을 관찰할 수 있는 천문 기구를 만들었어요. 그리고 시간을 알 수 있는 해시계와 물시계도 만들어 냈어요.

장영실이 만든 자격루는 스스로 시간을 알려 주는 신기한 물시계였어요. 일정한 시각이 되면 알아서 자동으로 종을 울렸지요.

또 무엇보다 훌륭한 발명품은 바로 측우기였어요. 측우기는 내리는 비의 양을 재서 홍수와 강물이 넘치는 것을 알아보는 기구였어요. 서양에서 만들어진 측우기보다 무려 200년이나 앞선 것이었답니다.

이처럼 장영실은 수많은 발명품을 만들어 냈어요. 대부분 백성들에게 도움을 주는 기구들이었지요. 신분의 차별 없이 재주 있는 인재를 아꼈던 세종과 장영실의 눈부신 발명으로 조선의 과학 기술은 크게 발전해 나갔답니다.

자격루(물시계)
우리나라 최초의 물시계이다. 자동으로 시간을 알려 준다. 물이 규칙적으로 떨어져 일정한 양이 되면 소리가 울리게 만들었다.

조선의 위기, 임진왜란

조선은 나라가 세워진 후 중앙 집권 체제로 발전해 갔어요. 하지만 15세기 말부터 나라를 세우는 데 공을 세운 집안과 성리학을 공부하여 중앙 정부로 나온 선비 출신 관리들이 충돌하기 시작했어요.

선조가 왕위에 오르자, 나라 정치는 지방에서 온 선비 출신의 관리들을 중심으로 돌아가게 되었지요. 이들은 당시 명나라가 안팎의 적 때문에 매우 혼란스러움에도 불구하고 명나라를 부모의 나라로 모셔야 한다고 여겼어요. 그리고 군사력을 키우기보다는 무리를 지어 서로 다투었지요.

부산에 침입한 일본군
보물 제391호로 1592년 임진왜란 때 일본군이 부산포에 도착했을 때의 모습을 그렸다.
– 〈부산진순절도〉

결국 1592년, 선조 임금이 나라를 다스릴 때 일본이 조선에 쳐들어왔어요. 일본을 통일한 도요토미 히데요시가 '명나라를 치려고 하니 조선은 길을 빌려 달라'는 핑계를 대고요. 바로 이 사건이 임진왜란이에요.

조선을 침략한 일본은 단숨에 부산을 삼키고 한 달 만에 한양까지 밀어닥쳤어요. 철저하게 전쟁 준비를 해 온 일본은 조총이라는 새로운 무기를 가지고 있었어요.

선조는 부랴부랴 군대를 내려 보냈어요. 그러나 일본군을 막기에는 부족했어요. 병사들이 겁에 질려 우왕좌왕할 뿐 제대로 싸우지도 못했어요. 선조가 가장 믿고 있던 신립 장군도 크게 지고 죽음을 맞았지요. 그제야 선조는 이이가 주장한 십만양병설을 듣지 않은 것을 후회했어요. 결국, 선조는 싸움 한 번 해 보지도 못한 채 북쪽 땅으로 피난을 떠나야만 했답니다.

그러나 바다의 상황은 전혀 달랐어요. 전라도의 수군을 지휘하던 이순신은 일본이 전쟁을 일으키기 전부터 싸움을 준비해 오고 있었어요.

"왜군이 호시탐탐 조선을 노리고 있다. 언제 침략을 할지 모르니 모든 준비를 해 두어야 한다!"

이순신은 병사들을 훈련시키고 좋은 배와 화약 대포를 만들었어요. 그중에서도 거북선은 최고의 배였지요.

철갑을 덮어씌워 만든 거북선의 등에는 쇠못이 박혀 있었고, 머리는 무시무시한 용을 닮아 있었어요. 그리고 배 위 왼쪽과 오른쪽에서는 화약 대포가 불을 뿜었지요.

임진왜란이 일어나자 이순신은 거북선을 앞세워 바다로 나아갔어요.

조총

새처럼 빨리 날아가는 총이라 하여 새 조(鳥), 총 총(銃), 조총이라 이름 붙였어.

십만양병설

일본군이 쳐들어올지 모르니 10만 명의 군사를 키우자는 의견이었어.

이순신

임진왜란 때, 바다에서 앞장서 외적을 물리친 조선 시대의 장수야.

“거북이를 닮은 저것이 도대체 무엇이냐? 어서 조총을 쏘아라!”

그러나 조총으로는 거북선을 상대할 수가 없었어요. 오히려 거북선이 일본군의 배를 들이받으며 화약 대포를 쏘아 대자 겁에 질려 허둥거렸어요.

“죽고자 하면 살 것이고 살고자 하면 죽을 것이다!”

이순신은 배 위에 서서 병사들을 향해 외쳤어요.

병사들은 이순신의 외침에 힘을 얻어 맹렬히 일본군을 공격했어요.

거북선과 이순신의 뛰어난 활약으로 일본군은 크게 졌어요. 그 뒤로도 이순신의 승리는 계속되었지요. 그러자, 이순신이 나타났다는 소리만 들어도 일본군은 기가 꺾여 싸울 엄두를 내지 못했어요.

"도대체 이길 수가 없다니, 참으로 무서운 장군이로구나!"

일본의 장수들조차 이순신을 몹시 두려워했어요. 이순신이 있는 한 일본군은 바다에서 단 한 차례의 승리도 거둘 수 없었어요.

육지에서 거듭 지고 있던 조선은 이순신의 승리에 크게 기뻐했어요. 이에 의병들도 힘을 얻어 더욱 용감히 일본군과 맞서 싸웠어요.

그중에서도 경상남도 의령 땅에서 일어난 곽재우의 활약은 눈부셨어요. 임진왜란이 일어났을 때, 곽재우는 벼슬길에 나가지 않고 학문을 익히고 있었어요. 그러다 일본군이 우리 땅을 짓밟고 있다는 소식을 듣고 크게 분노했어요.

곽재우 생가
경상남도 의령군 유곡면 세간리에 위치한 곽재우의 생가이다. 2005년에 복원되었다.

의병

나라에 침입한 적을 물리치기 위해 백성들이 스스로 만든 군대를 말해.

"나라가 위기에 처했는데 싸우지 않는다면 어찌 이 나라의 백성이라 할 수 있겠는가!"

곽재우는 가진 재산을 전부 털어 의병을 모았어요. 그리고 붉은 옷을 입고 첫 전투에 나섰어요. 곽재우는 숨어 있다가 공격하는 방법으로 왜군을 괴롭혔고, 크고 작은 전투에서 승리를 거두었어요.

그러자 많은 백성들이 의병이 되기 위해 곽재우를 찾아왔어요. 의병들은 곽재우를 '홍의장군'이라 부르며 믿고 따랐어요. 일본군은 홍의장군 곽재우를 더욱 두려워하게 되었지요.

이런 뛰어난 장수와 의병의 활약, 그리고 명나라의 지원으로 임진왜란은 잠시 잠잠해지는 듯했어요. 하지만 일본군은 다시 전쟁을 일으켜 정유재란이 일어났지요. 그것도 오래가지는 못했어요. 도요토미가 죽자 일본군이 조선에서 빠져 나가기 시작했어요.

일본군이 정유년(1597년)에 14만 군사를 이끌고 다시 조선에 쳐들어온 전쟁이야.

이순신은 도망치는 일본군을 공격했어요. 조선 수군은 이날, 300여 척의 적선을 물속에 빠뜨렸어요. 그러나 일본군과의 마지막 전투에서 이순신은 날아오는 총알에 맞아 숨을 거두고 말았어요.

"나의 죽음을 알리지 말라."

이순신은 죽는 그 순간까지 병사들이 흔들리지 않고 싸우길 바랐어요. 그 바람대로 조선 수군은 많은 일본군을 물리칠 수 있었답니다.

임진왜란은 끝이 났지만 백성들의 상처는 쉽게 아물지 않았어요. 가족이 죽거나 살던 터전을 잃기도 했고, 많은 백성들이 억울하게 일본의 노예로 끌려가야 했어요. 소중한 문화재도 빼앗기거나 불타 버렸지요. 조선은 임진왜란으로 많은 것을 잃고 말았어요.

일본의 혼란기, 전국 시대

조선이 《경국대전》을 펴내는 등 정치 체계를 세워 가고 유럽이 인도로 가는 새로운 바닷길을 찾기 위해 한창 애쓸 무렵, 무로마치 막부의 8대 쇼군 아시카가 요시마사가 일본을 다스리고 있었어요.

안타깝게도 요시마사에게는 뒤를 이을 아들이 없었어요. 그 때문에 요시마사는 동생 요시미를 쇼군의 자리를 물려받을 사람으로 정했어요. 그리고 관령(쇼군을 보좌하는 직책) 호소카와 가쓰모토를 후견인으로 정했지요.

그런데 이를 어떻게 할까요? 뜻밖에도 이듬해 요시마사의 부인 히노 도미코가 아들 요시히사를 낳았어요. 도미코는 자신의 아들이 쇼군이 되길 원했지요. 그래서 야마나 소젠을 후견인으로 삼아 호소카와 가쓰모토에 맞섰어요. 후계자가 되면, 엄청난 땅과 지휘권을 갖게 되기 때문에 서로 한 발도 양보할 수 없었답니다.

결국 이 후계자의 문제를 놓고, 양쪽은 무려 11년 동안이나 여러 지방의 지배자인 슈고 다이묘들과 무사들을 끌어들여 치열하게 싸웠어요. 쇼군 요시마사가 전쟁을 멈추라고 명령했지만 소용없었어요. 이 일을 두고

조선 시대의 기본 법정이야. 《경제육전》 이후 조선의 법을 여러 차례 고쳐 1485년에 펴냈어.

능력이나 힘이 부족한 사람을 도와주는 사람을 말해.

쇼군이 영주들을 관리하도록 지방 관리로 보낸 사람을 슈고라 해. 슈고 다이묘는 슈고 중 영지와 군사를 갖추고 지방의 지배자가 된 사람이야.

'오닌의 난'이라고 불러요.

결국 1477년이 되어서야 난리가 수그러들었어요. 하지만 싸움이 벌어지는 동안 교토는 쑥대밭이 되고 말았어요. 사찰은 물론이고, 천황과 귀족들의 집이 불탔고, 문화재까지 부서졌어요. 뿐만 아니라 무로마치 막부와 쇼군의 권위가 땅에 떨어졌지요. 슈고 다이묘들은 전투를 끝내고 각자의 지방으로 돌아갔지만, 더 이상 쇼군의 말을 듣지 않았어요.

후계자 때문에 고민한 아시카가 요시마사
1449년부터 1473년까지 쇼군으로서 일본을 다스렸다. 정치보다는 문화 예술에 관심이 있었다.

오닌의 난 이후에는 쇼군보다 땅 많고 힘센 사람이 최고가 되었어요. 여러 세력이 저마다 주도권을 잡기 위해 일어서는 전국 시대가 막을 연 거예요.

아랫사람이 윗사람의 힘을 무시하는 일은 지방에서도 일어났어요. 여러 싸움을 거치면서 스스로 힘을 키운 지방의 세력들은 슈고 다이묘를 쓰러뜨리고 새로운 세력으로 커 나가기 시작했어요. 이들을 센고쿠 다이묘라 부르지요.

"누구의 땅이든 빼앗아 내 것으로 만들면 된다!"

센고쿠 다이묘들은 그렇게 외치며 땅을 더 많이 차지하기 위해 목숨을 걸고 싸움을 벌였어요. 서로 뭉쳤다가 배신하기를 반복했지요. 심지어 아버지와 아들 사이에도 땅을 두고 싸움을 벌였어요. 이런 과정을 통해 센고쿠 다이묘들은 땅과 농민을 손아귀에 넣고 경제력을 키워 나갔어요. 싸움이 그칠 날이 없었고, 불안한 날들이 계속 이어졌어요.

그러던 1543년, 포르투갈의 배 한 척이 폭풍우를 만나 일본 규슈 남쪽의 다네가시마까지 떠내려 왔어요. 이때, 이 지역의 영주 다네가시마 토키타카는 서양 사람이 가지고 있던 총을 사들였어요. 그리고 가까운 부하들에게 총을 만드는 법을 배우게 했어요.

총은 전국에 퍼져 나갔어요. 이즈음에는 한참 센고쿠 다이묘들이 서로 다투고 있던 때라 앞다투어 새로운

무기로 무장하려 했지요. 이 때문에 기마병 중심의 싸움은 점차 줄어들고, 성의 구조도 총알을 막기 위한 모양으로 바뀌어 갔어요.

그런데 유독 총을 잘 이해하고 직접 만들어 내는 데 일찍부터 열을 올린 센고쿠 다이묘가 있었어요. 그는 총을 많이 만들고 조총 부대까지 실제 전투에 나서게 했어요. 옛날 방식의 전투를 단숨에 바꾸어 버린 거예요. 그는 오다 노부나가였어요.

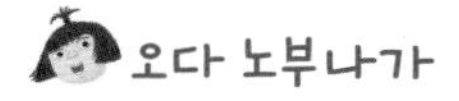

1534년 슈고 다이묘를 섬기던 지방 호족의 아들로 태어났어. 일본의 명장군으로 꼽히지.

노부나가는 원래 오하리국 남쪽에 있는 기요스 성의 성주였어요. 그곳은 교통의 중심지였고, 농작물이 잘 자라는 기름진 땅이었어요. 훗날 노부나가가 재빨리 조총 부대를 갖출 수 있었던 것도 이러한 지리적 여건이 한몫을 했지요.

결단력이 빠르고 과감했던 오다 노부나가는 당시의

미쓰히데를 혼내는 노부나가

미쓰히데가 배신을 한 이유에 대해서는 추측만 할 뿐이다. 배신한 이유가 노부나가에게 무시당한 원한 때문이라는 이야기도 있다.

센고쿠 다이묘들이 모두 그랬던 것처럼, 천하를 통일하고자 하는 열망이 아주 컸어요. 노부나가는 7년 동안 준비하여 전국의 중심지인 교토에 재빠르게 먼저 들어갔어요.

그러고는 자신과 반대편에 선 적들을 차례로 정복해 나갔지요. 1570년 에치젠의 아사쿠라 씨, 오미의 아사이 씨를 굴복시키고, 나가시노 전투에서 다케다 신겐의 아들 가쓰요리를 무찔렀어요. 바로 이 전투에서 노부나가는 조총 부대를 앞세워 승리를 거두었어요.

“기병이 공격해 오는 쪽에 장애물을 만들고 그 뒤에 조총 부대를 두어라!”

이에 약 3천 명의 조총 부대가 당시 최강이라고 알려진 가쓰요리의 기병대를 단숨에 무찔렀어요.

이어 1580년에는 10년 동안 승부가 나지 않던 정적 겐뇨와의 싸움에서도 항복을 받으며 끝을 냈어요. 그럼으로써 사실상 일본 중앙부의 절반 이상을 손안에 넣었지요. 이제 혼란스러웠던 일본의 전국 시대는 서서히 막을 내리는 듯했어요.

그러던 1582년, 노부나가의 부하였던 하시바 히데요시(훗날 도요토미 히데요시)가 다카마쓰 성에서 모리씨와 싸우다가 불리해지자 도움을 청해 왔어요. 이때 노부나가는 급히 달려가 다카마쓰 성에서 멀지 않은 혼노지까지 갔어요.

그런데 며칠 후 새벽, 자신이 가장 아끼던 부하 중의 하나인 아케치 미쓰히데가 군사를 이끌고 갑자기 공격해 왔어요. 뜻밖의 배신에 놀란 노부나가는 온 힘을 다

혼노지의 변
1582년 6월 2일 혼노지의 숙소에서 묵고 있던 노부나가를 그의 부하 미쓰히데가 공격한 사건이다.

해 싸웠지만, 준비를 하지 않고 있던 터라 제대로 대응할 수가 없었지요. 마침내 오다 노부나가는 패배를 인정하고 스스로 목숨을 끊었어요. 오다 노부나가가 꿈꾸던 전국 통일은 뒤이어 등장한 히데요시의 손에 넘어가고 말았답니다.

도요토미, 일본을 통일하다

오다 노부나가가 세상을 떠났을 때 도요토미 히데요시는 모리씨와 한창 싸움 중이었어요. 이때 도요토미 히데요시는 자신이 불리해졌음을 눈치 채고 모리씨에게 화해하자고 했어요. 그러자 모리씨는 노부나가의 죽음을 알지 못하고 그에 응했지요.

히데요시는 노부나가가 죽은 지 꼭 4일이 지난 후, 재빨리 군사를 다시 꾸려서 배신자 미쓰히데에게 벌을 주기 위해 말 머리를 돌렸어요. 그러고는 미쓰히데의 군대를 처참하게 짓밟아 복수했어요. 미쓰히데는 가까스로 도망쳤지만, 농민들에게 잡혀 죽임을 당하고 말았지요.

히데요시는 이때부터 천하를 통일할 꿈을 키우며 반대 세력들을 하나씩 없애 나갔어요.

1583년에는 노부나가의 중신인 시바타 카츠이에를 없애고, 노부나가의 셋째 아들 노부타카는 자살하도록 만들었어요. 노부나가의 둘째 아들 노부카츠와 도쿠가와 이에야스도 자기 앞에 무릎 꿇게 했지요. 그런 중에 히데요시는 오사카에 성을 쌓고 훗날 전국 통일을 위해 일할 중심지로 삼았어요.

관백

조정에서 천황을 보조하는 임무를 맡은 벼슬아치야.

전기문

한 인물의 일생을 적은 글을 말해.

이윽고 1585년, 조정은 히데요시를 관백으로 임명했답니다. 그리고 하시바 히데요시라고 불리던 히데요시에게 도요토미라는 성을 주었어요. 히데요시는 이때부터 도요토미 히데요시로 불렸지요.

히데요시는 가난한 농민의 아들이었어요. 키와 덩치가 작아서 어릴 때 원숭이라 불리기도 했어요. 그런 히데요시는 우연히 오다 노부나가의 맨 아래 무사가 되었지요. 하지만 한동안 큰 공을 세우지도 못했고, 이름을 널리 알리지도 못했어요.

타고난 신분이 늘 불만이었던 히데요시는 관백이 되자마자 가장 먼저 사람을 시켜 자신의 전기문을 쓰게 했어요. 물론 그 전기문은 자기 신분을 감추고 훌륭한 인물로 꾸미기 위한 것이었지요.

시간이 흘러 강력한 힘을 갖게 된 히데요시는 곧 전국의 다이묘들에게 호소문을 보냈어요.

"전쟁을 멈추라!"

아울러 다이묘들에게 가장 중요한 땅의 경계를 자신이 결정하겠다고 말했지요. 히데요시는 설득하기도 하고 힘을 쓰기도

도요토미가 지은 오사카 성

1585년 도요토미가 자신의 권위를 뽐내고자 지었다. 검은 옻칠을 한 나무와 금을 칠한 기와로 화려하게 지었다. 화재로 소실되었다가 1931년 원래의 성을 본떠 다시 지어졌다.

하며 전국의 다이묘들을 자기편으로 끌어들이기 시작했어요.

그리고 충성스러운 부하나 친족들을 전국 곳곳에 내려 보내, 이렇게 새로 항복한 다이묘들을 감시했어요. 이따금 의심이 가는 다이묘는 다른 다이묘와 땅을 바꾸어 중앙에서부터 멀리 떨어지게 했어요.

뿐만 아니라 토지 조사를 하고 논과 밭에서 거두는 농작물의 양을 조사하게 하여 세금을 얼마나 낼지 정했어요. 그럼으로써 히데요시는 전국의 주요한 땅을 직접 관리할 수 있게 되었어요. 여기에 더하여 농민들이 가지고 있던 무기까지 거두어 들였지요.

그러자 점차 전쟁이 줄어들었고, 마침내 1590년 히데요시가 바라던 전국 통일이 이루어졌답니다. 하지만 전국 통일을 이루었다고 문제가 사라진 것은 아니었어요.

전국의 다이묘들이 자신에게 충성하게 하려면 군대가 강해야 했어요. 정규 군대를 유지하기 위해서는 돈이 엄청나게 필요했어요. 그래서 부족한 물자를 보충하고자 외국과 물자를 주고받는 방법을 생각해 보았지요. 하지만 그것도 한계가 있었어요.

히데요시는 새로운 돌파구를 마련하기로 했어요. 그것은 바로 조선 침략이었어요. 당시 조선은 일본을 얕보았기 때문에 몇몇 신하가 군대를 키우자 해도 끄떡도 하지 않았어요. 1592년, 히데요시는 이렇게 아무 대비 없는 조선에 군대를 보냈어요. 4월에 부산포에 내린 일본군은 삽시간에 나아가 한 달 만에 조선의 도읍 한양을 점령했어요. 그리고 빠르게 북쪽으로 향했지요. 그러자 히데요시는 조선 땅을 영지로 내리겠다며 전쟁을 재촉했어요.

'곧 조선을 손아귀에 넣은 뒤, 명나라까지 물리치면 여러 나라가 내 것이야!'

세종 때 일본 사람이 오가도 된다고 허락한 삼포(부산포, 경남 창원의 내이포, 울산의 염포) 중 부산에 있던 포구란다.

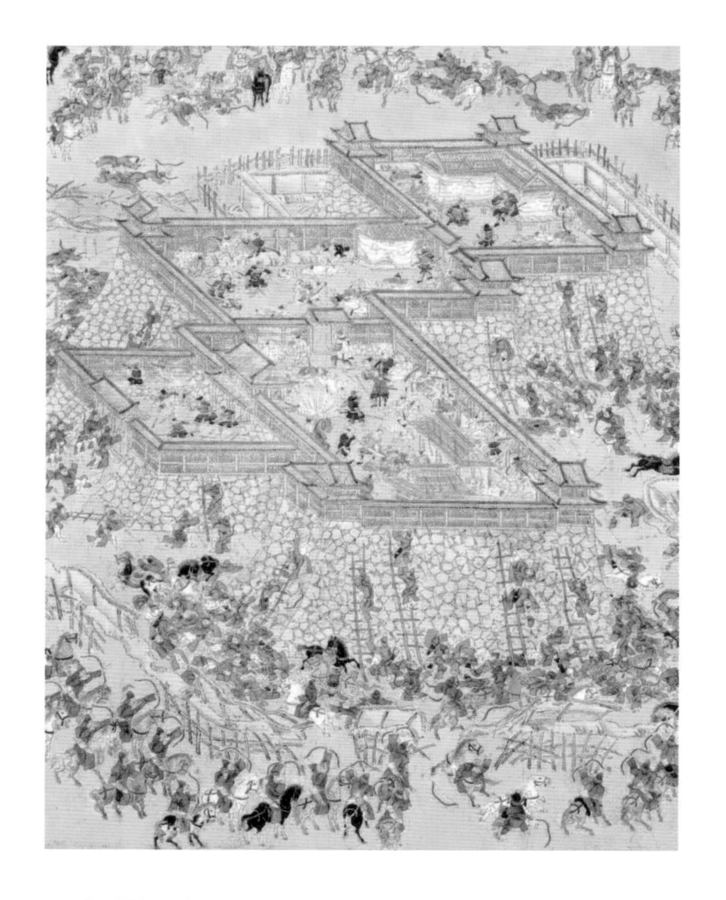

조명 연합군이 울산성의 일본군을 공격하는 모습
선조는 일본군이 침입하자, 명나라에 도움을 청하였다. 명나라에서는 명나라까지 전쟁이 번질까 염려하여 대규모 군대를 파견하였다.

히데요시는 자신이 꼭 이길 거라 장담했어요.

하지만 전쟁은 히데요시의 바람대로 이루어지지 않았어요. 조선의 장수 이순신이 바닷길을 막았고, 곽재우 등 의병들의 방어를 뚫기도 힘들었지요. 여기에 더하여 명나라의 지원군까지 오는 바람에 일본군은 크게 약해지고 말았어요. 결국 1593년에 전쟁을 끝내는 조건으로 서로 무엇을 주고받을지 의논하기 시작했고, 사실상 전쟁은 중단되었지요.

그렇지만 히데요시는 1597년 다시 조선 땅에 일본군을 보냈어요(정유재란). 전쟁은 이전보다 더욱 어려웠지요.

그러다가 마침내 1598년, 히데요시가 병으로 죽게 되면서 조선 침략도 막을 내렸어요. 그리고 이와 동시에 막부에서는 또다시 피비린내 나는 세력 다툼이 벌어졌답니다.

무로마치 시대의 문화

일본의 남북조 시대가 끝나고 전국 시대가 시작되기 전까지 무로마치 막부 시대였어요. 이 시기에 아시카가 가문의 남자가 쇼군의 자리를 이어받아 실제 권력을 휘둘렀지요.

이 시대에 셋슈(146쪽)라는 이름 난 화가가 있었어요. 아버지는 무사였지만, 셋슈는 어릴 때 절에 들어가 스님이 되는 공부를 하게 되었지요. 하지만 셋슈는 스님이 되는 데는 관심이 없었어요. 대신 틈만 나면 그림을 그렸어요. 스님들이 아무리 타일러도 말이에요.

셋슈는 무로마치 시대에 가장 뛰어난 그림을 그리는 화가가 되었어요. 셋슈는 명나라로 유학을 떠나 그림을 배웠고, 그 나라의 화가들을 놀라게 했어요. 이후 일본으로 돌아와 〈산수장권〉을 비롯해 〈추동산수도〉 등 수많은 수묵화를 남겼지요.

이 무렵에는 자연을 그린 산수화가 인기를 끌었어요. 특히 큰 그림이 유행하였고, 마루나 빈 공간에 걸기 위한 족자 그림도 발달했지요. 꽃꽂이가 유행한 것도 특이한 일이었어요.

예전에는 일부 사람들만이 차를 마셨지만, 이 시대에

수묵화

먹으로만 그 짙고 옅음을 이용해 그리는 그림이야.

산수화

산과 물이 있는 자연을 아름답게 그린 그림이야.

셋슈의 그림
〈아마노하시다테의 풍경〉
셋슈는 일본의 유명한 화가이다. 그림 속 장소는 일본 교토에 있는 유명 관광지 '아마노하시다테'이다.

는 무사와 서민들 사이에도 차가 퍼져 나갔어요. 특히 아담하고 조촐한 다실에서 차 마시기를 즐겼지요. 이때 꽃꽂이로 다실을 꾸몄어요. 슈코라는 스님이 시작한 꽃꽂이는 점차 유행하여 사찰이나 서원의 마루까지 아름답게 꾸미게 되었답니다.

하지만 무로마치 시대의 가장 기억할 만한 문화유산은 금각사와 은각사예요.

금각사는 쇼군 아시카가 요시미쓰가 기타야마에 세운 3층 건물이에요. 바깥벽을 금박으로 장식하여 금각사라 불렀어요. 1~2층은

헤이안 시대의 건축 양식으로, 3층은 당나라 풍의 건축 양식으로 지어졌지요. 밖에는 진귀한 정원용 돌과 나무를 심어 두어 장식했고요.

다실

사람들이 모여서 차를 마시도록 만든 방이야.

그런가 하면, 은각사(149쪽)는 쇼군 요시마사가 히가시야마에 세운 별장이에요. 요시마사는 금각사를 본떠 지으려 했지만 경비가 부족하여 은각사를 선택한 것이었어요. 은각사는 금각사에 비해 덜 화려했지만 안정감 있고 정원과 잘 어울렸어요. 요시마사는 자신이 좋아하는 그림과 공예품을 모아 안을 장식했고, 종종 사람들을 초대해 즐겼답니다.

한편 무로마치 막부 시대 초기에 호넨의 제자 신란이 열었던 정토진종을 렌뇨가 다시 발전시켰어요. 렌뇨는 마을을 두루 다니며 불경을 들려주면서 사람들의 마음을 사로잡았어요. 정토진종을 따르는 사람도 많아졌지요. 야마시나와 이시야마에 혼간지(본원사)라는 절을 세우기도 했어요. 렌뇨의 노력 덕분에 마침내 그 세력이 커져 슈고와 겨룰 정도가 되었고, 반란을 일으키기도 했지요.

렌뇨

정토진종은 창시자인 신란이 죽은 후 매우 약해졌어. 하지만 렌뇨가 열심히 전해서 그 세력이 커질 수 있었지.

참선

자신이 가진 부처의 품성을 알아보기 위해 수행하는 것을 말해.

무로마치 막부 시대에는 참선과 실천을 통해 정신을 단련해야 한다는 선종도 유행했어요. 특히 무사들이 선종을 많이 따랐지요.

선종

참선을 중시하는 불교의 한 갈래야.

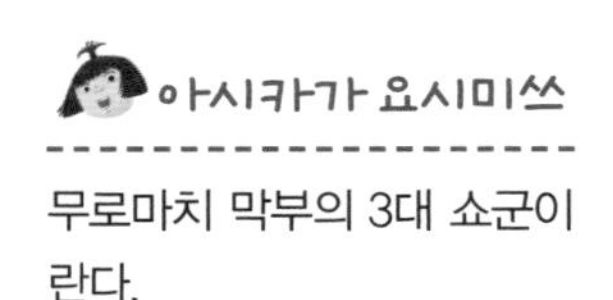

무로마치 막부의 3대 쇼군이란다.

쇼군 아시카가 요시미쓰는 누구보다 독실하게 선종을 믿었어요. 그래서 선종 사원 다섯 개를 특별히 보호하라고 지시했어요. 사원에서 시와 문장을 가르치게 하기도 했지요. 그런 덕분에 이 사원에서 훌륭한 시인이 나오기도 했답니다.

선종의 승려들은 세상 이치를 잘 알고 학문도 깊어 종종 막부의 부름을 받았어요. 그리고 정치와 외교 업무를 맡는 관리가 되곤 했지요.

이 외에도 '남묘호렌게쿄'라고 외우면 누구라도 구원받을 수 있다는 일련종도 처음 유행했어요.

그런가 하면 전국 시대에는 서양 문화가 들어 오기 시작했어요. 예수회 선교사를 통해 기독교가 들어왔지요. 기독교를 일본에 처음 소개한 프란시스코 사비에

도요토미 히데요시의 속마음

도요토미 히데요시는 임진왜란을 왜 일으켰을까요? 맞아요. 통일된 일본의 군대를 유지하기 위해 돈이 필요했기 때문이에요. 하지만 또 다른 이유도 있었어요. 일본을 통일하긴 했지만 완벽할 수는 없었어요. 언제 또 지방 세력이 들고 일어날지 불안했답니다. "옳지, 우리끼리 싸울 게 아니라 외국과 싸우자!"
도요토미 히데요시는 다른 나라와 싸우면 일본 내부 세력이 똘똘 뭉칠 수밖에 없다고 판단한 거예요. 그래서 임진왜란이 시작되었지요.

무로마치 막부 시대의 건축물 은각사
무로마치 막부 8대 쇼군인 요시마사가 지은 절이다. 일본 교토에 있다. 긴카쿠지라고 부르기도 한다.

르는 가고시마에 일본 최초의 교회를 세우고 기독교를 알리기 시작했어요. 이후에는 선교사들이 잇달아 들어와, 몇몇 다이묘는 신자가 되기도 했답니다. 이처럼 훗날, 도요토미 히데요시가 기독교 금지령을 내릴 때까지 이들은 아주 활발하게 기독교를 전파했어요.

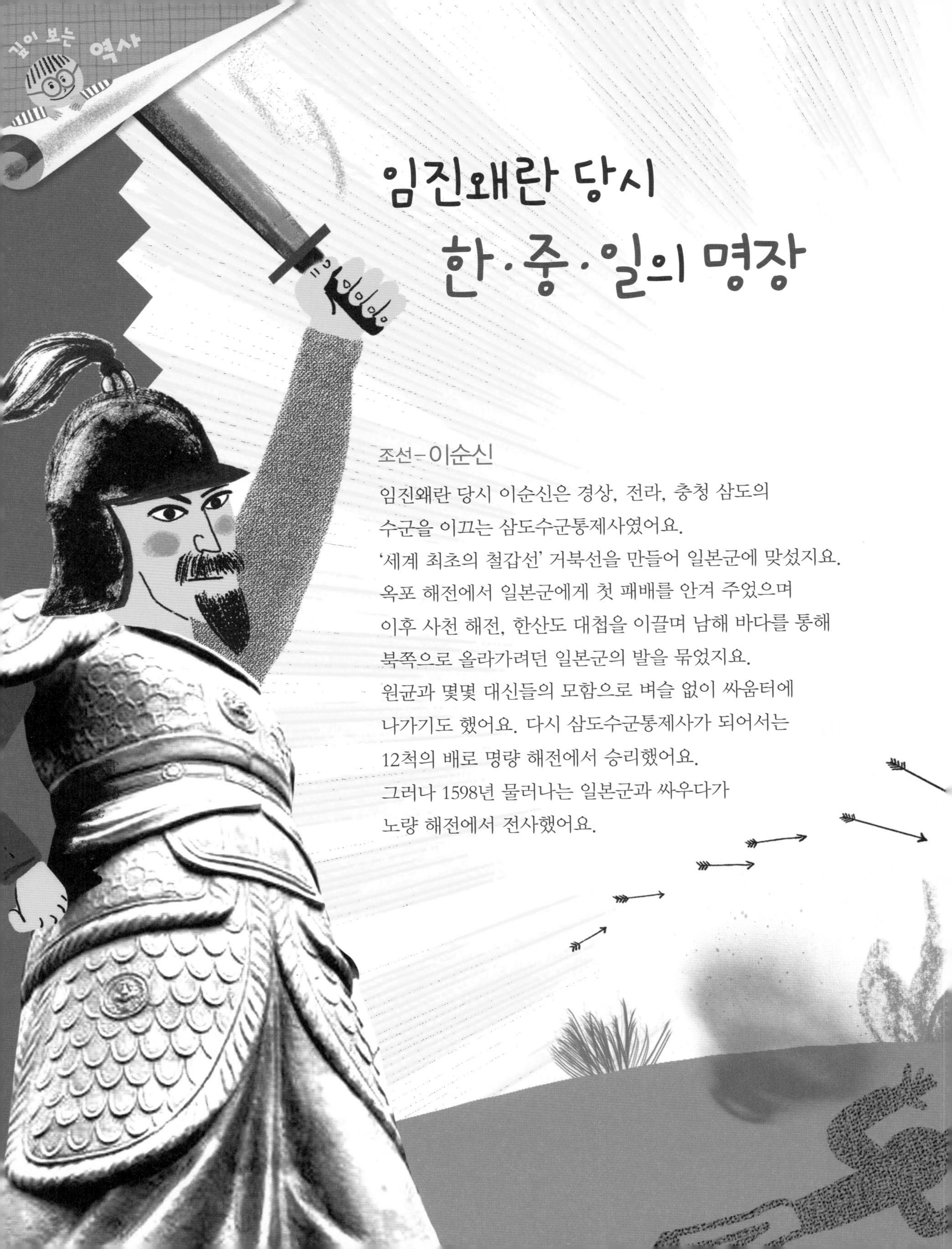

임진왜란 당시 한·중·일의 명장

조선-이순신

임진왜란 당시 이순신은 경상, 전라, 충청 삼도의 수군을 이끄는 삼도수군통제사였어요. '세계 최초의 철갑선' 거북선을 만들어 일본군에 맞섰지요. 옥포 해전에서 일본군에게 첫 패배를 안겨 주었으며 이후 사천 해전, 한산도 대첩을 이끌며 남해 바다를 통해 북쪽으로 올라가려던 일본군의 발을 묶었지요. 원균과 몇몇 대신들의 모함으로 벼슬 없이 싸움터에 나가기도 했어요. 다시 삼도수군통제사가 되어서는 12척의 배로 명량 해전에서 승리했어요. 그러나 1598년 물러나는 일본군과 싸우다가 노량 해전에서 전사했어요.

명나라–이여송

이여송은 원래 조선 사람의 후손이라고 전해져요.
임진왜란 당시 전쟁에 참전했어요. 이여송은 4만 3천여 명의 군사를 이끌고 조선의 관군은 물론, 승군(스님들로 이루어진 의병 부대)까지 끌어들여 연합군을 만든 뒤, 평양성에 있던 고니시 유키나가의 일본군을 공격하여 승리를 거두었어요. 이후에는 일본과 협상하는 데 힘썼어요.

일본–고니시 유키나가

임진왜란 당시 일본군은 11개의 부대로 나누어 조선에 쳐들어왔어요.
그중 1번 군대를 이끌었던 고니시 유키나가는 정발 장군이 지키던 부산포를 공격하여 손에 넣고, 동래성마저 무너뜨린 뒤 승승장구했지요.
이후 일본군을 이끌며 싸울 때마다 이겼어요.
그리고 한양을 지나 대동강까지 나아가 평양성을 차지했어요.
하지만 명나라 장군 이여송의 군대에 진 후 평양성을 불 지르고 도망갔어요.

찾아보기

ㅂ

ㅅ

사진 자료 사용에 도움을 주신 곳

르네상스 시대의 베네치아 : By Franz Hogenberg 1535–1590 & CC–BY–SA

르네상스 시대를 이끈 단테 : By SimonKTemplar & CC–BY–SA

미켈란젤로 〈피에타〉 : By Stanislav Traykov, Niabot & CC–BY

화려한 성 베드로 대성당 내부 : By Patrick Landy & CC–BY–SA

비텐베르크 성 교회 문 : By AlterVista & CC–BY–SA

성 피에르 성당 : By Yann & CC–BY–SA

성 베드로 대성당 : By Eugene Pivovarov & CC–BY

희망봉 : By freestock.ca & CC–BY–SA

아메리고 베스푸치 : By Jebulon

세계 일주를 시도한 마젤란 : By RAYANDBEE & CC–BY–SA

마야의 도자기 접시 : By Sailko & CC–BY–SA

마야의 신전 : By HJPD & CC–BY–SA

정복자 코르테스 : By HombreDHojalata & CC–BY–SA

오늘날의 쿠스코 : By Chensiyuan & CC–BY–SA

정복자 피사로 : By David Jones & CC–BY

소치밀코 : By Fer Seelbach & CC–BY

쉴레마니예 모스크 : By Myrabella & CC–BY–SA

티무르 왕가의 묘 구르 아미르 : By Faqscl & CC–BY–SA

영락제의 천단 기년전 : By Saad Akhtar & CC–BY–SA

자금성 : aphotostory/ Shutterstock.com

고려 무신 최영 : 전쟁기념관 소장, 1993(1993) 102004-000

태조가 지었던 궁전, 경복궁 : By Blmtduddl & CC-BY-SA

세종 상 : By 코리아넷 & CC-BY-SA

앙부일구(해시계) : By Bernat & CC-BY-SA

측우기 : 국립고궁박물관 소장, 과학기기류(科學機器類) 000005-000

자격루(물시계) : By Kai Hendry & CC-BY

부산에 침입한 일본군 : 전쟁기념관 소장, 1993(1993) 088017-000

곽재우 생가 : By 의령사랑 위키 어린이 기자단(Uiryeong Love Wiki children press corps) & CC-BY-SA

은각사 : By Oilstreet & CC-BY-SA

- 이 책에 사용한 사진의 박물관과 저작권자의 출처를 표시하였습니다.
- 저작권자가 누락되거나 착오가 있다면 다음 쇄를 찍을 때 수정하겠습니다.

세계 속의 왕조

유럽, 이슬람, 인도, 중국, 한국

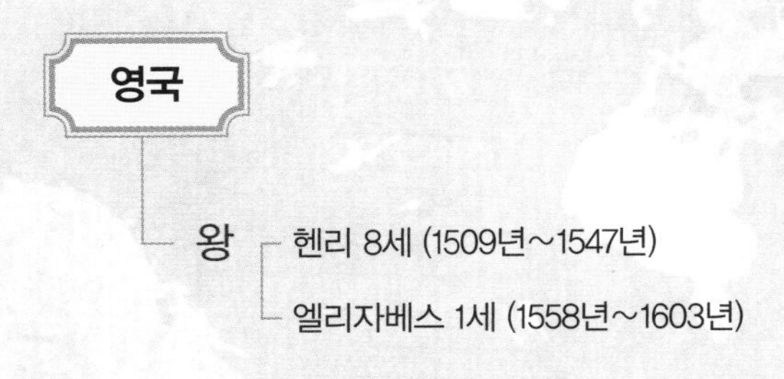

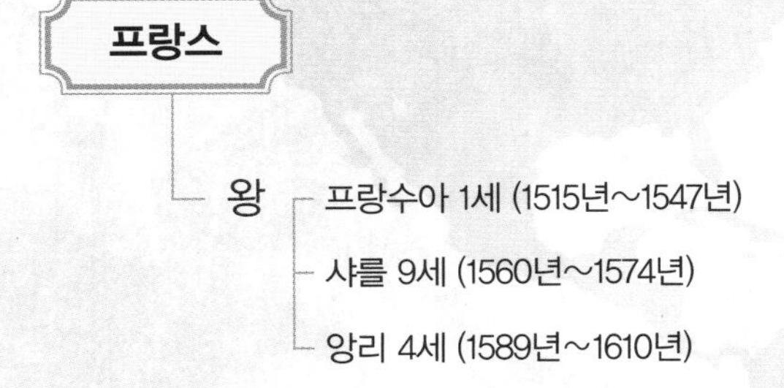

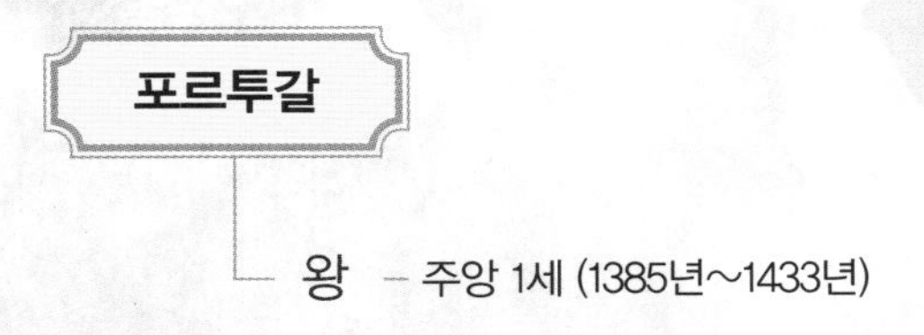

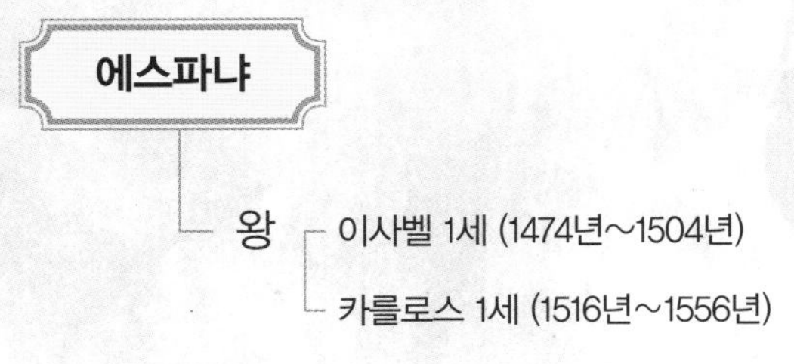

아스테카

- 왕 – 몬테수마 2세 (1504년~1520년)

오스만 제국

- 술탄
  - 오스만 1세 (1299년~1326년)
  - 오르한 1세 (1326년~1359년)
  - 무라트 1세 (1359년~1389년)
  - 바예지드 1세 (1389년~1402년)
  - 메메트 2세 (1451년~ 1481년)
  - 쉴레이만 1세 (1520년~1566년)

티무르 제국

- 왕 – 티무르 (1370년~1405년)

무굴 제국

- 술탄
  - 바부르 (1526년~1530년)
  - 후마윤 (1530년~1540년, 1555년~1556년)
  - 악바르 (1556년~1605년)
  - 자항기르 (1605년~1627년)
  - 샤 자한 (1627년~1658년)
  - 아우랑제브 (1658년~1707년)

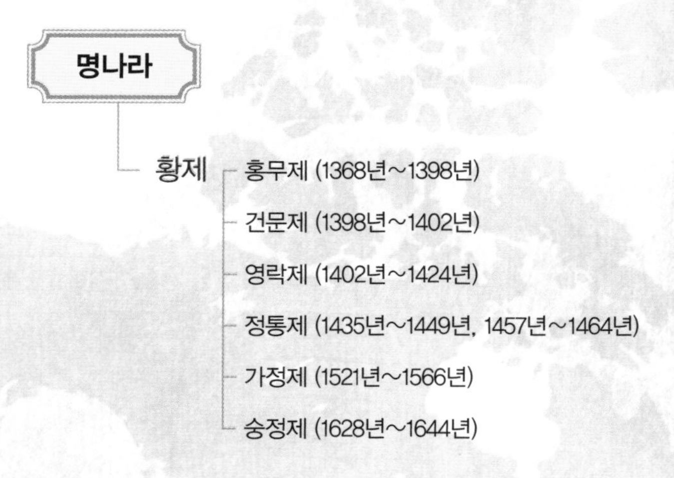

명나라

황제

- 홍무제 (1368년~1398년)
- 건문제 (1398년~1402년)
- 영락제 (1402년~1424년)
- 정통제 (1435년~1449년, 1457년~1464년)
- 가정제 (1521년~1566년)
- 숭정제 (1628년~1644년)

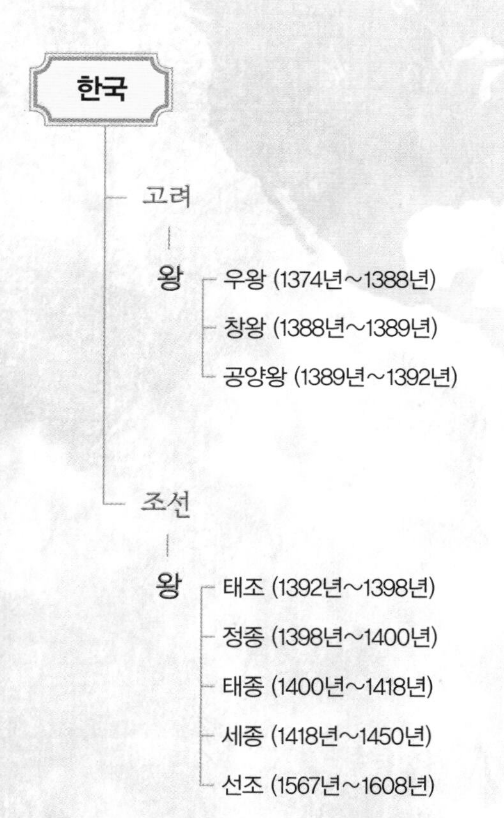

한국

고려

왕

- 우왕 (1374년~1388년)
- 창왕 (1388년~1389년)
- 공양왕 (1389년~1392년)

조선

왕

- 태조 (1392년~1398년)
- 정종 (1398년~1400년)
- 태종 (1400년~1418년)
- 세종 (1418년~1450년)
- 선조 (1567년~1608년)

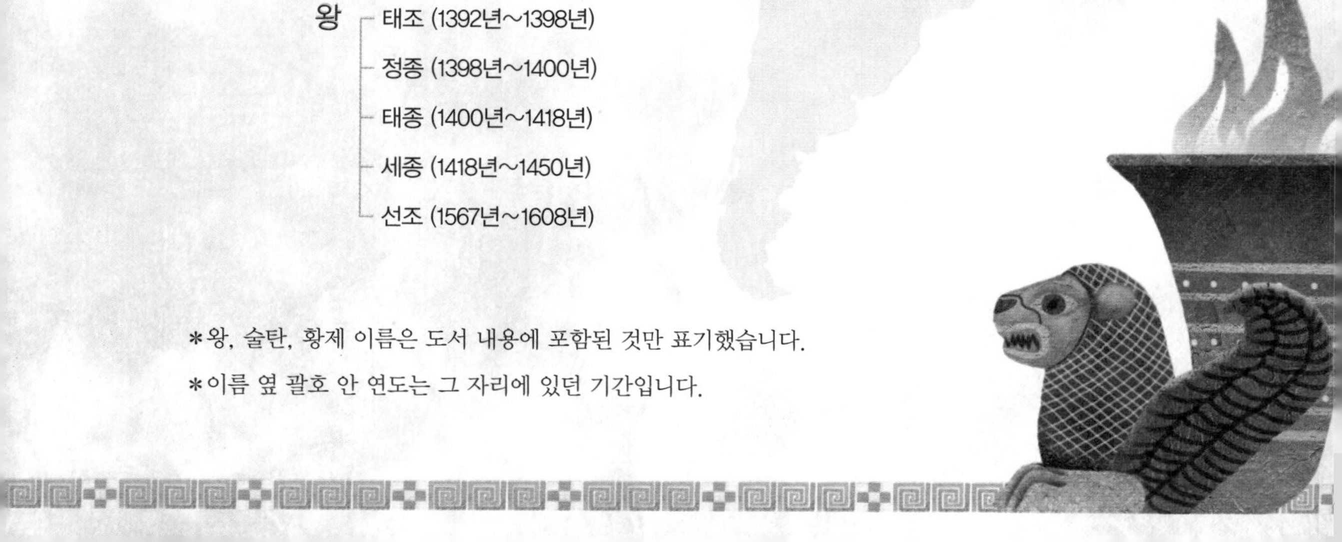

*왕, 술탄, 황제 이름은 도서 내용에 포함된 것만 표기했습니다.

*이름 옆 괄호 안 연도는 그 자리에 있던 기간입니다.

연표로 보는 세계사의 흐름